参与式语文教师培训资源

丛书主编 ◎ 王荣生

"十二五"上海市重点图书

# 散文教学教什么

主编 ◎ 王荣生
执行主编 ◎ 步　进

华东师范大学出版社
上海

图书在版编目(CIP)数据

散文教学教什么/王荣生主编.—上海:华东师范大学出版社,2014.8
(参与式语文教师培训资源)
ISBN 978-7-5675-2466-8

Ⅰ.①散… Ⅱ.①王… Ⅲ.①语文课-教学研究-中小学-师资培训-教材 Ⅳ.①G633.302

中国版本图书馆CIP数据核字(2014)第187684号

参与式语文教师培训资源

# 散文教学教什么

| 主　　编 | 王荣生 |
|---|---|
| 执行主编 | 步　进 |
| 责任编辑 | 吴海红 |
| 审读编辑 | 宋金萍 |
| 责任校对 | 胡　静 |
| 装帧设计 | 卢晓红 |

| 出版发行 | 华东师范大学出版社 |
|---|---|
| 社　　址 | 上海市中山北路3663号 邮编 200062 |
| 网　　址 | www.ecnupress.com.cn |
| 电　　话 | 021-60821666 行政传真 021-62572105 |
| 客服电话 | 021-62865537 门市(邮购)电话 021-62869887 |
| 地　　址 | 上海市中山北路3663号华东师范大学校内先锋路口 |
| 网　　店 | http://hdsdcbs.tmall.com |

| 印　刷　者 | 句容市排印厂 |
|---|---|
| 开　　本 | 787毫米×1092毫米　1/16 |
| 印　　张 | 14.5 |
| 字　　数 | 245千字 |
| 版　　次 | 2014年11月第1版 |
| 印　　次 | 2024年12月第21次 |
| 书　　号 | ISBN 978-7-5675-2466-8/G·7578 |
| 定　　价 | 42.00元 |

出 版 人　王　焰

(如发现本版图书有印订质量问题,请寄回本社客服中心调换或电话021-62865537联系)

# 参与式语文教师培训资源编委会

王荣生　徐雄伟　李海林　郑桂华　吴忠豪　高　晶　夏　天
李冲锋　陈隆升　邓　彤　童志斌　步　进　李　重　申宣成

# 主题学习工作坊授课专家

于　漪　　当代语文教育家,曾任上海市教科文卫委员会副主任
张民选　　上海师范大学原校长,研究员,博士生导师
钟启泉　　华东师范大学终身教授,博士生导师
崔允漷　　华东师范大学课程与教学研究所所长,教授,博士生导师
方智范　　华东师范大学教授,博士生导师
倪文锦　　杭州师范大学教授,博士生导师
黄灵庚　　浙江师范大学教授,博士生导师
王栋生　　南京师范大学附属中学教师,特级教师,教授级高级教师
程红兵　　广东省深圳市明德实验学校校长,特级教师,教育部"国培计划"专家库专家
陈　军　　上海市市北中学校长,特级教师,教育部"国培计划"专家库专家
谭轶斌　　上海市教委教研室副主任,特级教师,教育部"国培计划"专家库专家
褚树荣　　浙江省宁波市教育局教研室教研员,特级教师,教授级高级教师
宋冬生　　合肥师范学院副教授,教育部"国培计划"专家库专家
邓　彤　　上海市黄浦区教育学院教研员,特级教师,教育部"国培计划"专家库专家
倪文尖　　华东师范大学副教授
童志斌　　浙江师范大学副教授
叶黎明　　杭州师范大学副教授
申宣成　　河南省基础教育教学研究室教研员
陈隆升　　台州学院副教授
周子房　　上海知明教育信息咨询有限公司教学总指导
杨文虎　　上海师范大学教授,博士生导师
谢利民　　上海师范大学学科教育研究所所长,教授,博士生导师
李海林　　上海新纪元双语学校校长,教育部"国培计划"专家库专家

郑桂华　上海师范大学教授,教育部"国培计划"专家库专家
吴忠豪　上海师范大学教授,教育部"国培计划"专家库专家
王荣生　上海师范大学教授,博士生导师,教育部"国培计划"专家库专家

## 课例研究工作坊执教教师和提供案例教师

钱梦龙　著名语文教学专家
郑桂华　上海师范大学教授
李海林　上海新纪元双语学校校长,教育部"国培计划"专家库专家
黄厚江　江苏省苏州中学教师,特级教师,教授级高级教师
曹勇军　江苏省南京市第十三中学教师,特级教师,教授级高级教师
马　骉　上海市虹口区教育学院副院长,特级教师
朱震国　上海市杨浦高级中学教师,特级教师
薛法根　江苏省吴江市盛泽实验学校校长,特级教师
王崧舟　杭州师范大学教授
岳乃红　江苏省扬州市维扬实验小学副校长,特级教师
蒋军晶　浙江省杭州市天长小学副校长,特级教师
茹茉莉　浙江省嵊州市城南小学校长,特级教师
周益民　江苏省南京市琅琊路小学教师,特级教师
邓　彤　上海市黄浦区教育学院教研员,特级教师
张广录　上海市浦东新区教育发展研究院教研员,高级教师
童志斌　浙江师范大学副教授
季　丰　浙江省富阳中学教师,高级教师
任富强　浙江省慈溪市慈中书院校长,特级教师
周子房　上海知明教育信息咨询有限公司教学总指导
申宣成　河南省基础教育教学研究室教研员
荣维东　西南大学副教授
郭家海　江苏省常州高级中学教师,特级教师
袁湛江　浙江省宁波市万里国际学校校长,特级教师
邓玉琳　广东省深圳市南山实验学校教师,高级教师

李金英　辽宁省鞍山市铁西区共同小学教师,高级教师
范景玲　河南省商丘市民权县程庄镇一中教师,中学一级教师
刘学勤　河南省商丘市民权县实验中学教师,高级教师

## 共同备课工作坊合作专家

王荣生　博士,上海师范大学教授
高　晶　博士,上海师范大学讲师
李冲锋　博士,中国浦东干部学院副教授,博士后
胡根林　博士,上海市浦东新区教育发展研究院教研员
陈隆升　博士,台州学院副教授
袁　彬　博士,南通大学副教授
于　龙　博士,上海师范大学副教授
李　重　博士,上海师范大学副教授
申宣成　博士,河南省基础教育教学研究室教研员
周子房　博士,上海知明教育信息咨询有限公司教学总指导
陆　平　博士,南通大学副教授
步　进　博士,江苏师范大学副教授
周　周　博士,贵州师范学院讲师
邓　彤　博士,上海市黄埔区教育学院教研员,特级教师
童志斌　博士,浙江师范大学副教授
孙慧玲　博士,上海市闵行区教科所教师,博士后
代顺丽　博士,闽南师范大学副教授,博士后
王从华　博士,赣南师范学院副教授,博士后

# 前　言

一年多前，"参与式语文教师培训资源"丛书启动，在第一次编务会，我就想好了丛书前言的第一句话：

这是值得你慢慢读的书，这是需要你用笔来读的书。

当我说出这一句话时，编务会的同伴们一致称好，因为这句话贴切地体现出这套"参与式语文教师培训资源"的特色。

## 这是值得你慢慢读的书

这是一套"语文教师培训资源"系列丛书，是在语文骨干教师培训实践中逐渐积累的优质课程资源。

从2010年起，"上海师范大学语文课程研究基地"承担教育部"国培计划"示范性集中培训项目，凭借强大的专业团队和积极投入的事业心，成为"国培计划"实施中语文学科的引领性标杆。

"上海师范大学语文课程研究基地"有四位教授入选"国培计划"专家库专家，2010—2013年，承担的教育部"国培计划"示范性集中培训项目30个班，涵盖语文学科的所有子项目，培训了来自全国各地师范院校、教师进修学校、教研室和中小学的培训者和骨干教师1500多名。

**"国培计划"2010 示范性集中培训项目**
　　——中小学骨干教师研修项目(高中语文)50 人
　　——中小学骨干教师研修项目(小学语文)150 人

**"国培计划"2011 示范性集中培训项目**
　　——中小学骨干教师研修项目(高中语文)100 人
　　——中小学骨干教师研修项目(小学语文)100 人
　　——(云南省)中西部教师培训项目(初中语文)100 人

**"国培计划"2012 示范性集中培训项目**
　　——培训者团队研修项目(语文)50 人
　　——免费师范毕业生培训项目(语文)150 人
　　——中小学骨干教师研修项目(高中语文教研员)50 人
　　——中小学骨干教师研修项目(高中语文教师)50 人
　　——中小学骨干教师研修项目(初中语文)50 人
　　——中小学骨干教师研修项目(初中语文教研员)50 人
　　——中小学骨干教师研修项目(初中语文教师)50 人
　　——中小学骨干教师研修项目(小学语文教研员)100 人
　　——中小学骨干教师研修项目(小学语文教师)100 人

**"国培计划"2013 示范性集中培训项目**
　　——培训者团队研修项目(语文)50 人
　　——中小学骨干教师研修项目(高中语文教研员)50 人
　　——中小学骨干教师研修项目(高中语文优秀教师)50 人
　　——中小学骨干教师研修项目(初中语文教研员)50 人
　　——中小学骨干教师研修项目(小学语文教研员)50 人
　　——骨干教师高端研修项目(小学语文)108 人
　　——(重庆市)小学语文骨干教师异地研修培训项目 50 人

这套丛书,立足于"上海师范大学语文课程研究基地"培训专家近年的研究成果,取材于上海师范大学2010—2013年所承担的教育部"国培计划"示范性集中培训项目的系列培训课程。

该系列课程聚焦"新课程实施中语文教学的有效性"这一主题,针对"教学内容的合宜性"和"教学设计的有效性"这两个核心问题。研修课程由三个互补的"工作坊"组成:

**主题学习工作坊**

**共同备课工作坊**　　　　**课例研究工作坊**

**主题学习工作坊**:体现专业引领。安排有教育研究者"专家报告",语文教育研究者"专家视角",语文课程与教学的博士和博士研究生"博士论坛",以及课堂的互动交流。

**共同备课工作坊**:合作专家、参与学校和研修学员共同开展教学研究活动。与一线语文教师共同备课的"沉浸式体验",教研员和优秀教师的"交流与分享",按"散文阅读教学"、"小说阅读教学"、"文言文和古诗文教学"、"写作教学"、"语文综合性学习"和"高中语文选修课教学"等专题展开。

**课例研究工作坊**:专家教师和实践探索者的"教学示例与研讨"。研究者与一线教师的多重对话:"从教学内容角度观课评教",侧重在教学内容的合宜性;"以学的活动为基点的课堂教学",侧重在教学设计的有效性。

上述三个工作坊,由"主题学习"引领,"共同备课"和"课例研究"为双翼,相辅相成。"课例研究工作坊"与"共同备课工作坊"呼应互补,平行进行(有个别分册因主题的缘故,只包括上述一或两个工作坊)。

2013年,征得授课专家的同意,我们着手编撰这一套"语文教师培训资源",把实施"国培计划"的课程录像、录音,转录成文字,并加以精选、整理,以供广大中小学语文教师共享。

丛书有如下8本：

《语文教师专业发展十四讲》　　执行主编　李　重　博士
《阅读教学教什么》　　　　　　执行主编　高　晶　博士
《散文教学教什么》　　　　　　执行主编　步　进　博士
《小说教学教什么》　　　　　　执行主编　李冲锋　博士
《实用文教学教什么》　　　　　执行主编　陈隆升　博士
《文言文教学教什么》　　　　　执行主编　童志斌　博士
《写作教学教什么》　　　　　　执行主编　邓　彤　博士
《语文综合性学习教什么》　　　执行主编　申宣成　博士

## 这是需要你用笔来读的书

这是一套"参与式语文教师培训资源"，你不仅是读这些文字、知道一些信息，你必须参与其中，就像是培训中的一员。

如何将培训现场的情境性元素，在纸质的书上加以体现？这是我们在编撰丛书时着重要解决的问题，也是这套丛书有别于其他同类书籍的一个亮点。

在这套书中，在不同板块，你会碰到不同的人，他们是不同的角色。

首先是授课专家。在"主题学习工作坊"，你会看到专家的授课实录。其中"专家报告"，编入《语文教师专业发展十四讲》；"专家视角"，就是每一分册的"主题学习工作坊"的学习内容。在"课例研究工作坊"，你会看到授课的专家教师以及他们的研究课实录，还有在教学现场及丛书编撰过程中提供教学案例的老师及他们在实践探索中形成的教学案例。

其次，你会遇到培训现场的老师，你的同行，或许是同事。他们聆听专家的讲座，观摩授课教师的研究课，他们思考着，边听边做笔记，他们发表自己的见解，提出自己的疑问，与专家交流互动。在"共同备课工作坊"，他们与合作专家一起，讨论一篇课文的教学内容，反思自己对语文教学的理解，交流和分享教学经验，也会流露在教学实践中遭遇的困难和疑惑。

在"共同备课工作坊"，你会见到一些备课合作专家，他们是上海师范大学和华东师范大学的博士，有四位还是博士后。在进入备课教室之前，备课专家组已经对课文做了充分的研讨，但他们清楚地知道自己的职责：备课合作专家，并不是比语文教师高明的人,他们只是在与语文教师共同备课时,提供一个可能有别于教师的视角,以启发参与备课的教师以新的眼光来对待备课的课文。备课合作专家所做的工作主要是两项:第一项,问"为什么呢?"通常备课伊始,教师们对一篇课文教什么,会有不同的经验和见解,但这些经验和见解很少经过反思。张老师说,应该教这个;李老师说,应该教那个。这时,备课合作专家就会行使职责,他会问,往往是追问:"为什么呢?"也就是专业的理据,在追问和进一步研讨中,促使教师反思自己的经验和见解。第二项,提议"这么看,行不行呢?"当备课的教师陷入"常规思维"时——往往是被不合适的教学习俗所钳制,或者当备课的教师们争执不下、陷入僵局时,备课合作专家就会基于他们事先对课文的研讨,提出思考和解决问题的思路,引导教师从一个新的方向、换一种新的眼光来看待这篇课文,去选择合宜的教学内容。

是的,你一定意识到了:共同备课,并不是追求一篇课文的"最佳设计"。事实上,在"国培计划"实施中的"共同备课",尤其第一次"共同备课工作坊",往往是一个半天过去,备课小组对这课文"教什么"、"怎么教"还没理出头绪来。"共同备课工作坊"的目的,是促使教师反思自己的经验,是希望教师尝试着运用"主题学习工作坊"所学的理论。因此,"共同备课"的成效,主要表现在备课教师经验的获得上:(1)哦,原来我这样做,是不对的!(2)哦,教学内容原来是这么来的!

显然,在"共同备课工作坊",如果你把自己当"旁观者",如果你只是被动地追随书中的文字,如果你读了以后只是知道了张老师说过什么、李老师说过什么,以及备课合作专家说了什么,那么,你将毫无所获,或不得要领,或买椟还珠。

你必须把自己当作备课小组中的一员:你应该事先熟悉课文并进行教学设计的尝试,或在看书时带上你的教案(如果你原来上过这篇课文的话);你要发表自己的见解,对别人的发言你要作出回应;当备课合作专家问"为什么呢?"你要回答问题;当备课合作专家说"这么看,行不行呢?"你要回味你这时的心理反应。

不但是"共同备课工作坊",在"主题学习工作坊",在"课例研究工作坊",如果你只是知道了某位专家说过什么,只是知道了某位授课教师的课是这样的,这就没有把握住要点,因而也不会有什么用。要点在于:专家这么说,对你、对你的教学,意味着什么?要点在于:授课教师这篇课文教这些,为什么呢?道理何在?或没有教那些(如果你过去恰好在教那些),为什么呢?道理何在?

语文教师是专业人员。什么是"专业人员"?专业人员就是依据专业知识行事的人。培训不是听某位专家一个讲座,听另一位专家一个讲座,看一个专家教师的课,看另一个专家教师的课;培训的目的不在这些。培训的目的,是发展自己的专业知识和专业能力。而这,需要参与培训的人去明白道理,去探寻学理,去改善自己的学科教学知识,从而改善教学,惠及学生。

显然,读这套书,你必须始终"在场",就像自己在培训现场。拿起笔,你将经历的,是学术性的阅读。

这对你可能有些难。于是,"参与式语文教师培训资源"最重要的人物出场了。

他就是你读的这本书的"执行主编"。在你拿起笔阅读的时候,他陪伴着你。他会告诉你,在听讲座之前、在观摩授课教师的课之前,在进入共同备课之前,你需要做什么;他会提醒你,在阅读过程中什么地方你应该停下来,想一想;他还会要求你,在听讲座、观摩课、共同备课,以及读完这些文字以后,你还需要做什么。

请你按照"执行主编"的提示,展开这套丛书的阅读。

因此,在展开书阅读之前,你有必要了解书的编排方式:

### 1. "主题学习工作坊"编排方式

【专家简介】

【热身活动】相当于预习作业。引导读者联系自己的教学实践,进入后续的学习。

【学习目标】指明通过这一主题报告的学习,教师能解决语文教学中的什么问题,谋求语文教学哪些方面的改善。

【讲座正文】用序号和小标题,使讲座正文更具条理。用双色,凸显讲座正文的重点内容,尤其是在讲座正文的学习中需要关注的地方。

【要点提炼】"要点提炼"用方框呈现。"要点提炼"起辅导员的功能:梳理讲座的内容条理,提炼正文中的关键语句。对正文中说得较为复杂的,予以归纳;理解正文需要某些背景的,介绍相应的背景资料;有些内容在正文中可能没有展开,加以解释和延展;有些地方讲座者未必直接点明结论,逻辑地引申出结论。

【反思】聚焦主题讲座的内容对改善语文教学的意义。相应设计反思活动,引导教师在反思的过程中,把讲座的内容与自己的教学实践勾联起来,思考如何改善语文教学。反思活动的设计,有三个要素:(1)明确反思的点;(2)提供反思的支架;(3)对反思的成果形式提出具体要求。

| 讲座正文 | 要点提炼 | 学习笔记（"我"的思考和反思）（提供样例供研修教师参考） |
|---|---|---|
| 讲座正文 | 要点提炼 | |
| 讲座正文 | 要点提炼 | |

【要点评议】执行主编对主题报告的评议。执行主编相当于这场主题报告的评论员:指出报告的内容对改善语文教学的意义;必要时,围绕某一要点做较深入的讨论,或做进一步的解释。

【资源链接】提供进一步研究该主题的学习参考书目。

【后续学习活动】结合讲座的内容,联系教学实践,用"任务1—任务2—任务3"的形式,列出需要完成的作业,并提供支架和相关资料。

## 2. "共同备课工作坊"编排方式

【教学现状描述】(1)课文介绍;(2)评价性地描述这篇课文的教学现状;(3)解释为什么要选这篇文章进行共同备课,并指明通过这次共同备课着重要解决的问题(用正标题呈现出来)。

【热身活动】尽可能让读这本书的教师也能够进入这篇课文的备课状态。

【备课进程】叙述+实录。对共同备课的进程加以切割,使用小标题使其条理化。正文的紧要处,用专色加以突出。执行主编相当于备课过程的讲解员:描述备课的过程,解说现场的实况,用方框和云图帮助理解备课过程中所涉及的问题,以及参与备课教师的实践性知识反思和转变的表现。

【要点评议】执行主编对这次共同备课的评议。围绕共同备课所涉及的问题,凸显备课过程中需要教师明了的"学理":这篇课文的教学目标和教学内容应该是什么?为什么?或不应该是什么?道理何在?要点评议,也包括对共同备课的行为进行评议,分两个方面:(1)对合作专家的行为予以解释;(2)对参与备课教师的行为状态作出判断。

【反思】引导参与式阅读,随着共同备课的进程,指引教师反思自己的学科教学知识(PCK):在日常教学中自己是怎么备课的?这篇课文原来是如何教学的?教学目标和教学内容该如何确定?教学环节的依据什么?等等。

备课进程

要点评议

**备课进程**

要点评议

**备课进程**

要点评议

参与性意见和评论（「我」的见解及启发）
（提供样例供研修教师参考）

【问题研讨】聚焦在这类教学的道理。重点是教学目标的确定，教学内容的选择和教学环节的组织。

【后续学习活动】用"任务1—任务2—任务3"的形式：(1)提供一篇新的课文及该课文教学现状介绍；(2)建议研修教师(备课组)按共同备课样式备课讨论；(3)形成共同备课成果(教案)；(4)进行试教和研讨；(5)撰写备课反思。

### 3. "课例研究工作坊"编排方式

执教教师简介

【课例导读】(1)介绍课文，包括版本和年级；(2)介绍这类课文的教学现状，指出这类课文在教学中容易出现的问题；(3)指明通过课例学习，要解决什么问题。

【热身活动】相当于预习作业。引导读者联系自己的教学实践,进入后续的学习。

【教学实录/实施过程】用小标题梳理教学环节。正文中的重要部分,尤其是随后将要讨论的点,用专色凸显出来。执行主编相当于这堂课的观察员:解说这堂课的教学目标和教学内容;解释教学环节的意图和效果;指出教师指导的关键处和学生重要的回答;用方框和云图提示教师看明白这堂课的紧要处。云图,提醒听课教师的注意点。方框,是"要点提炼"。

【反思】反思是自己经验的打开。反思内容包括两部分:对照课例,对如何确定教学目标和教学内容的反思;对应该如何听评课的反思。

【要点评议】执行主编对这堂课的评议。指明这堂课所阐发的道理,这些道理教师在课例中未必能看出来。

【问题研讨】落到这一类教学上,重点是教学目标的确定,教学内容的选择和教学环节的组织。

【资源链接】按照学习的主题,提供进一步研究的资源目录。
【后续学习活动】结合课例学习,联系教学实践,用"任务1—任务2—任务3"的形式,列出需要完成的作业,并提供支架和相关资料。

"参与式语文教师培训资源"丛书,得到各方面的支持,在此一并表示感谢。

感谢上海师范大学领导和教育学院领导的支持。上海师范大学实施"国培计划"示范性集中培训项目,丛玉豪副校长任项目负责人,部门负责人是教育学院陈永明院长、夏惠贤院长、徐雄伟副院长。因为培训经费全部用于教学,才能使我们的培训保持较高水准。

感谢历年应允承担上海师范大学"国培计划"的授课专家、教学专家,是专家的智慧和才华,创造了这些优质课程资源。

感谢参与上海师范大学"国培计划"培训的1500多名老师。正是你们在培训中取得的成效、你们的肯定和鼓励,使我们看到了自己工作的价值,从而有信心编撰这套语文教师培训资源丛书。

感谢华东师范大学出版社。丛书启动伊始,王焰社长、高教分社翁春敏社长等领导就对这套丛书寄予厚望,积极筹划申报"'十二五'上海市重点图书"。吴海红编辑数次全程参与编委会的编写会议,对丛书的内容和版式提供了很好的建议。

感谢我们的团队。"上海师范大学语文课程研究基地",不仅是一所学校的一个研究机构,它聚集着一批有追求、有担当的志同道合的校内外同仁,其中有一群视语文课程与教学研究为安身立命的博士们。正是这一股生机勃勃的力量,使我们有资本去成就响当当的事业。

王荣生<br>
2014年8月2日

# 目 录

## 主题学习工作坊 / 1

- 中小学散文教学的问题及对策 / 3
- 散文阅读教学设计的原理 / 23
- 散文的特性与教学内容的开发 / 38
- 附录一
  "形散神不散"的内涵演变及对语文教学的负面影响 / 58
- 附录二
  主题学习工作坊
  【热身运动】和【后续学习活动】参考答案(部分) / 63

## 共同备课工作坊 / 65

- 小学散文教学内容如何确定
  ——《祖父的园子》共同备课的启示 / 67
- 回忆性散文"应该教什么"
  ——《藤野先生》共同备课的启示 / 95
- 如何进行有效的散文教学设计
  ——《胡同文化》共同备课的启示 / 124

课例研究工作坊 / 155

- 品味特别的语言,体会特别的情味
  ——蒋军晶《祖父的园子》课堂教学研讨 / 157
- 确定散文教学内容的路径
  ——李海林《幽径悲剧》课堂教学研讨 / 176
- 散文教学如何"品味语言"
  ——黄厚江《葡萄月令》课堂教学研讨 / 191

# 主题学习
# 工作坊

# 中小学散文教学的问题及对策

## 专家简介

王荣生,文学硕士、教育学博士。研究方向:语文课程与教学论,语文教师专业发展。现为上海师范大学教育学院教授、博士生导师,上海师范大学语文课程研究基地负责人。著有《语文科课程论基础》(教育科学出版社)、《语文课程内容与教学内容》(教育科学出版社)、《语文教学内容重构》(上海教育出版社)、《听王荣生教授评课》(华东师范大学出版社)、《求索与创生:语文教育理论实践的汇流》(山东教育出版社)、《阅读教学设计的要诀》(中国轻工业出版社)等。

## 热身运动

阅读本专题之前,请先完成下列三项热身运动。

一、判断正误(正确的打√,错误的打×)。

1. 散文是中小学语文教材中的主导文类,也是最难教的一类课文。（　　）
2. 目前散文教学的问题主要是教学方法不合适。（　　）
3. 当前散文教学存在比较严重的脱离文本现象。（　　）
4. 散文阅读教学需要引导学生把握一篇课文的个性特征。（　　）

二、关于"散文教学所处的困境",下列说法哪一项是不正确的?(　)

A．教材中的散文篇目陈旧。

B．教师的散文教学知识不足。

C．散文解读理论欠缺。

D．散文教学研究薄弱。

三、针对目前散文教学的问题,专家提出了如下三条对策,请分析一下各自是什么含义,并给出自己的应对策略。

对策一:阻截。

对策二:分流。

对策三:正面应对。

### 学习目标

通过本专题的学习,你能够:

1. 深入了解散文教学的现状,明确当前散文教学所存在的问题以及面临的困难。

2. 清楚地认识到造成散文教学低效的原因是多方面的,包括散文文类特征的模糊,散文解读理论的阙如,散文阅读教学研究的薄弱,散文选文编制技术的滞后以及教师散文教学知识的陈旧等。

3. 理解散文阅读教学的实质是在学生的已有经验与所教散文篇目中所传达的作者独特经验之间建立链接。掌握突破散文教学困境的三条对策,即阻截、分流与正面应对。

### 讲座正文

这一讲我们讨论中小学散文阅读教学的问题。在讨论之前,我先介绍两个背景,帮助大家了解中小学散文阅读教学所处的困境。

一、背景:主导文类与解读理论阙如的困境

1. 散文是我国中小学阅读教学的主导文类

由于历史的机缘和人为的选择,我国中小学语文教学的主导文类一直是散文。文言文自不必说,中小学语文教科书的课文,语体文绝大部分是"文学性的散文"。

以人教版课程标准初中语文教科书为例:第一册语体文25篇,散文24篇;第二册语体文25篇,散文22篇;第三册语体文20篇,散文17篇;第四册语体文20篇,散文19篇。第五、六册,语体文共8个单元,戏剧1个单元,诗歌、小说各2个单元,散文占3个单元。

中小学语文课,绝大部分课时用于阅读教学;语文教学的问题,主要体现在阅读教学中。中小学阅读教学,所教的课文绝大多数是散文;阅读教学的问题,自然聚焦在散文教学中。面对这种现状,妥善地解决散文教学中普遍存在的"教学内容"问题,无疑是改善语文课堂、提高语文教学成效的关键。

> 我国语文教学界所指的"散文",含义似乎比"广义的散文"窄,又比狭义的散文(即文学性散文)宽,大致沿用1963年语文教学大纲的界定,"包括故事、寓言、特写、传记、游记、杂文、说明文、议论文、科学小品等"。纳入"说明文"、"议论文",主要是从文字的"生动性"着眼的,指"生动的说明文"、"生动的议论文",或者说,是"具有文学意味"的说明文、议论文,比如有些社论、报告、演讲辞等。姑且称为"文学性的散文"。

2. 散文解读的理论研究,长期以来几近阙如

解决散文教学中普遍存在的"教学内容"问题,关键是合理的文本解读。合理的文本解读,基于文学理论和文章学的研究。

我国现当代文学理论,建立在国外传输的基础上,与之大致相适应的文类,是小说、诗歌、戏剧。文章学研究,在海峡两岸均有建树,如河南师范大学曾祥芹先生的文章学研究、台湾师范大学陈满铭先生的章法学研究。但能提供与文类相应的解读范式的,倒是从国外传输的广告、新闻、学术论文等实用性文章的研究。与小说、诗歌、戏剧,乃至广告、新闻、学术论文等实用性文章的研究相比,散文的研究,尤其是散文的文本解读理论,是远远地落伍了。

现当代散文研究,问津者向来较少。早年多是散文作家的经验谈或作品评论,如周作人、郁达夫等,这种情况一直延续到20世纪60年代,如杨朔、刘白羽等。以现当代散文研究为学问的,开风气者是林非的《中国现代散文史稿》,后来者也多沿治史的路径,如范培松的《中国现代散文史(20世纪)》和《20世纪中国现代散文理论批评史》等。

中国散文理论话语的建构,是从20世纪90年代末到新世纪才逐渐形成的。李晓虹的《中国当代散文审美建构》、王兆胜的《真诚与自由——20世纪中国散文精神》、陈

剑晖的《中国现当代散文的诗学建构》、蔡江珍的《中国散文理论的现代性想象》、李林荣的《嬗变的文体》等，是近年值得关注的论著。但诚如研究者所言："从整体上看，散文研究还处在文学研究滞后的位置，亦步亦趋地跟随小说与诗歌研究艰难前行。"中小学散文教学可资参考的，除孙绍振的《散文审美规范论》等少量论著外，主要是孙绍振、钱理群、王富仁等在解读一些散文文本时所显现的解读方式。

【观察者点评】你知道哪些散文解读理论？

一方面，散文是主导文类；另一方面，散文理论研究缺位，散文解读理论几近阙如。这就是我国中小学语文教学所处的困境。

## 二、铺垫：对散文阅读教学的几点认识

我们将以下几点认识，作为分析当前散文阅读教学问题和研究对策的出发点。

【观察者点评】"这一篇"三个字为什么要加引号？

### 1. 散文阅读教学，要建立学生与"这一篇"课文的链接

阅读教学的"这一篇"课文，不仅是学习材料，而且是学习对象。建立学生与"这一篇"课文的链接，其实是阅读教学的通则。

阅读教学所说的课文，与其他科目中所说的"课文"，有一个本质的区别。在其他科目的教学中，"课文"即教材的一章一节，"课文"仅是学习材料，而不是学习对象。地理课的学习对象，是地理现象及自然规律；数学课的学习对象，是数学的定理、定律；思想政治课的学习对象，是对人生和社会问题的认识；体育课的学习对象，是对健康的关怀和肢体运动的技能。在这些科目中，教材中的"课文"，即论述学习对象的文字，是学习的一种材料、一种途径、一种媒介，而不是学习对象本身。换言之，教学目标不是记忆、感受、解释和运用这些表述学习对象的文字，而是借助于这些文字去记忆、感受、解释、运用它们所指称的学习对象，如地理现象及自然规律，对人生和社会问题的认识等。学生通过另一种教材，通过论述的另一些文字，通过"课文"以外的另一些媒介，通过"活动"等另一些途径，也能够学到他们需要学的东西，有时还可能学得更好。

但缺少了教科书中的课文，绝对上不成语文课。在语文课上，阅读教学的课文，不仅是学习材料，而且是学习对象。以现在六年级所学的《走一步，再走一步》《生命，生命》，七年级所学的《心田里的百合花》，八年级所学的《安塞腰鼓》为例，这些课文，都是独特的文本，是任何其他媒介如电影、图片、实物等都不可替代的；是任何与"谈论勇

敢"、"珍爱生命"、"百合精神"、"安塞气概"等内容相关的其他文章都不可取代的。学生对这一文本的阅读、理解、感受——包括对特定文字所传递的人文精神的感悟,对表达独特思想情感的语句中所显现的语文知识的理解——是通过任何其他途径,如戏剧化表演、主题讨论会、各种资料展示等所不能拥有的。

概言之,学生今天所面对的学习对象,是"这一篇"独特的文本,学生今天所面临的学习任务,是理解、感受"这一篇"文本所传递的作者的认知情感,是理解、感受"这一篇"中与作者独特认知情感融为一体的语句章法、语文知识。

2. 散文阅读和教学,始终都在"这一篇"散文里

语文教学界所说的"文学性的散文",有"外在的言说对象",即使没有《荷塘月色》、《幽径悲剧》,清华园里的荷塘、北大校园幽径旁的古藤萝,也是真实地存在着或存在过的。有外在的、可以指认的言说对象,这是散文与"纯文学"作品如诗歌、小说、戏剧的区别。散文体现着文学的特性,根由也在"语言所营造的世界"。散文不尚虚构,但散文的写实,也不是"客观的"写实,如同新闻通讯,散文叙写作者的所见、所闻,散文中呈现的,是"这一位"作者极具个人特性的感官所过滤的人、事、景、物。散文对现象的阐释和问题的谈论,也不是"客观的"言说,如同论文报告。散文中谈论的所思,散文中表达的所感,是"这一位"作者依其独特的境遇所生发的极具个人色彩的感触、思量。

换言之,《荷塘月色》中的荷塘,是朱自清眼中的荷塘,是朱自清心灵中独有的镜像,它是世界上任何人从未见,也是平日的朱自清所未尝见过的荷塘;《幽径悲剧》中对古藤萝的喜爱、对古藤萝被毁的愤慨,是90岁高龄的季羡林极具个人化的情感和思绪。散文中的言说对象,是个人化的言说对象,它唯有作者的眼所能见、耳所能闻、心所能感,而所见、所闻、所感以及引发的所思,落根在"这一篇",通过独抒机心的章法、个性化的表达方式、流露心扉的语句来体现。

高度个人化的言说对象和言说方式,是"文学性的散文"与论文报告、新闻通讯等文章的区别。阅读论文报告、新闻通讯等,最终要指向文章的外在,指向客观的言说对象:它们所论述的道理,是否成立?所报道的事件,是否真如所言?而成立与否、是否如实,有公认的判别依据;之所以写论文、发新闻,目的就在于要获得公认或成为公认。散文不祈求成为公认;阅读散文,也不是为了获取什么公认。作者之所以写散文,是要表现眼里的景和物、心中的人和事,是要与人分享一己之感、一己之思。我们阅读散文,是在感受作者的所见所闻,体认作者的所感所思。

散文流露作者的心扉,读者以自己的心扉打量散文,阅读散文是心与心的碰撞、交感。

阅读散文,自始至终都在"散文里",外在于散文的客观的言说对象,不在散文"阅读"和散文教学的视野里,或者说,与外在的言说对象发生这样那样的关联,是在阅读之后才发生的事。

**3. 散文阅读教学,实质是建立学生的已有经验与"这一篇"散文所传达的作者独特经验的链接**

> 以上谈到散文阅读教学的实质,请提炼出几个要点:

建立学生与"这一篇"散文的链接,实质是建立学生的已有经验,与"这一篇"散文所传达的作者独特经验的链接。学生的已有经验,笼统地讲,包括"语文经验"和"人生经验";作者在"这一篇"散文中所传达的独特经验,也可以分为"语文经验"和"人生经验"两个方面。学生的经验,与作者所传达的经验不同,这种不同,不仅表现在阅读教学的起点,也表现在阅读教学的终点。换言之,学生不可能"具有"与作者等同的经验,无论是阅读之前、阅读之中还是阅读之后。不但是学生,任何人,包括语文教师也不可能"具有"与作者等同的经验。

"这一篇"散文所传达的,是作者的独特经验,《荷塘月色》是朱自清的"荷塘月色",《幽径悲剧》是季羡林的"幽径悲剧"。也正因为经验之独特,正因为作者的经验与我们之不同,我们才需要去读作品,才能够通过其散文,感受、体验、分享我们在日常生活中所没有、所不可能有的人生经历和经验。而作者的人生经验,融汇在他的语文经验里。作者的言语表达,那些个性化的语句章法所表现的,是丰富甚至复杂,细腻甚至细微的感官所触、心绪所至。散文的精妙处,阅读散文的动人处,在于细腻,在于丰富,唯有通过个性化的语句章法,我们才能感受、体认、分享它所传达的丰富而细腻的人生经验。与"这一篇"散文所传达的作者独特经验的链接,也就是引导学生往"作者的独特经验"里走,也就是往"这一篇"散文之语句章法所表达的丰富甚至复杂、细腻甚至细微处走。

### 三、问题:"两个向外跑"或"走到……之外"

当前的散文教学,似乎被散文的两栖性深深困扰而不得要领。我们来讨论两个比较有代表性的课例。

**1.《安塞腰鼓》教学流程**

(一)师播放《出西口》歌曲,出示"安塞之旅"课件,抒情导入语,展示安塞风光图片。让学生谈

> 【要点提炼】两个"向外跑"就是指散文教学的积弊——"脱离文本"现象,原因有两点:一是忽视学生对作者所抒发的感受的体认,二是漠视学生对文本语言的品味。准确体认作者所抒发的感受,恰恰需要对文本语言进行细读品味,这二者是统一的,是一体两面。

论"你看到了什么"。(2分钟)

(二)生大声自由朗读课文,师出示课件"腰鼓风情"。(6分钟)

(三)指示学生按"好一个_____安塞腰鼓!"的思路谈论阅读的理解和感受,多名学生谈论并朗读相应的语句。如围绕"好一个狂野的安塞腰鼓!"指读14段、21段、8—10段的相关语句。最后归结安塞人的"精神",4位学生依序分别说出"对生命的渴望"、"把贫穷化为动力"、"对家乡的热爱"、"中华民族的精神"。(20分钟)

(四)师播放打腰鼓场面的录像片段,要学生用比喻句记录新的感受。7名学生发言,朗读各自的抒情作文片段,似乎师生都不在乎"比喻句",新感受还是原有感受也无从辨析。(9分钟)

(五)师出示作者照片,学生分角色表演采访。一生扮刘成章,两生扮打腰鼓的后生,几生扮采访记者。问:"你有没有亲自打过腰鼓?"答:"亲自打,还是腰鼓队队长。"问:"能不能展示一下?"答:"能。"并有备而来地表演了几招,听课师生鼓掌。扮刘成章者侃侃而谈(记录不下,现在也忘了说的是什么)。扮打鼓人也侃侃而谈(记录不下,现在也忘了说的是什么),问:"你现在暂时来到济南,现在还愿意回贫穷的家乡吗?"答:"回,一定回。"听课师生鼓掌。(9分钟)

(六)教师激情结束语:快乐而充实的旅程,希望带着……走好自己的人生旅程。(1分钟)

2.《心田里的百合花》教学流程

(一)师展示所带的一束百合花,抒情导入语,出示课件。(2分钟)

(二)生放声朗读课文,思索:"你喜欢百合花吗?为什么?"(4分钟)

(三)数名学生谈论,有概述课文的,有从某一点生发谈自己认识的,师小结语(未记下,现在也忘了说的是什么)。(6分钟)

(四)师布置任务,出示幻灯片:"第一幕,山谷幽崖",要求学生根据第1段,发挥想象,写出百合生长的环境;"第二幕,花开有声",要求学生分角色演示文章第2—3段;"第三幕,芳香满景",要求学生以百合的口吻,用第一人称叙述文章第4—5段内容。而后准备,推荐展示。(10分钟)

(五)6组同学分别展示,如第一幕,一女生朗读自写的描写语,一男生读文,一女生黑板画图。最后一组在音乐声中演示全文,师抒情加入。(22分钟)

(六)生全体起立,齐读"百合"语:"我们要全心全意默默地开花,以花来证明自己的存在。"师激情结束语:希望带着……走好自己的人生旅程!(1分钟)

上述两个课例,执教教师都较优秀,备课很用心,课例中也有一些体现课程改革新气象的很好的元素,比如教学内容的聚焦,比如组织学生"学的活动"。但也正由于这些好的元素,使得中小学散文阅读教学长期存在的问题更加凸显、更为扎眼。

(1) 从散文里的"个人化的言说对象",跑到"外在的言说对象"。这实际上是把课文作为跳板,径直跳到言说对象上去,试图建立学生与"外在的言说对象"的链接。其中所隐含的认识逻辑,构成如下等式:

作者的言语表达(语句)＝所指(作者的所见所闻,即所描述的人、事、景、物)＝外在的言说对象(即客观存在的人、事、景、物)

上述两个课例的教学操作程序,大致是两段。

第一段,由文字径直跳至言说对象。

① 学生初读课文之后,教师或提供支架,或通过提问,让学生找到课文中描述人、事、景、物的相关语句。(如:"好一个_____安塞腰鼓!""你喜欢百合花吗?为什么?")

② 学生们通过这些语句,了解言说对象,即所描述的人、事、景、物。(如"好一个狂野的安塞腰鼓!"指读14段、21段、8—10段的相关语句)教学的表现,是学生在课文里随意地找东西。一篇散文由章法统贯的言语,变成了散乱语句的杂货铺,学生们从中随意截取,并把截取到的语句作为跳板,随兴谈论他们的印象、感念、联想、评判,以及由这一跳板所奔腾到的其他思绪。

第二段,从"个人化的言说对象",向外跑到"外在的言说对象"。

③ 教学中往往借助于其他资源,比如百合的实物、打腰鼓的影片等,师生在不知不觉中使课文中"个人化的言说对象",那些作者主观化了的人、事、景、物,向外跑到"外在的言说对象"。

④ 接下来的教学活动,基本上是围绕"外在的言说对象"展开,与课文若即若离。学生所面对的"这一篇"课文,变成了一堆谈论"外在的言说对象"的文字。这有种种情形,较典型的情况是谈论:师生或凭借课文中某些语句,或由某些语句引发,谈论"外在的言说对象"。有时还要延展到其他"外在的言说对象",或许由百合花延展到荷花,或许由打腰鼓延展到奥运场面等。上述第二个课例的主要教学活动,则是组织学生用多种方式演绎课文的内容——实际上是师生共演"深山里的百合花"的故事。

(2) 从散文里的"独特的情感认知",跑到概念化、抽象化的"思想"、"精神",实际上是把作者的情感认知腾空并黏附到"外在的言说对象",企图让学生"具有""外在的

言说对象"的"思想"、"精神",其所隐含的认识逻辑,等式大致如下:

作者的言语表达(语句)＝所指(作者的所思所感,即作者的抒情和议论)＝概念化、抽象化的思想、精神＝"外在的言说对象"本身所具有的＝学生应该具有的

操作思路也是两段:

第一段,把作者"独特的情感认知",抽象化、概念化并黏附到言说对象。

① 找到课文中抒情、议论等语句,即作者所明言的情感认知。

② 把作者"独特的情感认知"抽象化、概念化,提纯或上升到可以用来谈论的"思想"、"精神",比如"高洁"的思想、"奋发"的精神。

③ 同时,把概念化、抽象化的"思想"、"精神",黏附在言说对象上,继而黏附到"外在的言说对象"上,似乎这些"思想"、"精神"是事物本身所具有的,比如百合花的"高洁"思想、安塞腰鼓的"奋发"精神。

第二段,不断渲染与强化被腾空的"思想"、"精神",并企图让学生"具有"。

④ 再进一步挖掘或延伸言说对象的特质,形成一些口号式的标语,比如安塞人"对生命的渴望"、"把贫穷化为动力"、"对家乡的热爱"、"中华民族的精神"等,并通过教师抒情化的语言、多媒体等,不断渲染与强化被腾空的"思想"、"精神"。教学的表现,是教师在课堂里额外地讲东西:或教师抒情化地讲述由此生发的感想、感触、感叹,或指示学生讲,讲一些似乎是老师愿意听的大话。

⑤ 理所当然地认为学生应该具有与作者等同的情感认知——实际上是不断腾空的"思想"、"精神",一般体现为教师最后的激情结束语,或表现在课结束前让学生谈"学习这篇课文的收获"。比如学了《安塞腰鼓》,"希望同学们带着安塞的精神走好自己的人生旅途";学了《走一步,再走一步》,让同学们谈"不惧怕任何困难"、"任何困难都能克服"等"思想收获"。

(3) 跑到"外在的言说对象"上去,即"走到课文之外";跑到概念化、抽象化的"思想"、"精神"上去,即"走到作者之外"。两个"走出",实际上是丢弃语文经验,抽空人生经验。

"走到课文之外",也就走到了"语文"之外,所谓"把语文上成了非语文"。这是因为抛弃了作者的"语文经验"——把作者的言语表达当作跳板,或者仅仅关注其"所指",而漠视其独抒机心的章法、个性化的表达方式、流露心扉的语句;或

> 在散文教学中往往有一个孤立的"品味语言"环节,实际上是把"个性化的语句章法"仅仅当作学生写作时可借用的表达技巧。

者把章法、表达方式、语句与"个人化的言说对象"、"独特的认知情感"分割开,而演变为语言表达的所谓"知识"、"技巧"。而抛弃了作者的"语文经验",实际上也就远离了作者通过独抒机杼的章法、个性化的表达方式、流露心扉的语句所表现的"人生经验",势必"走到作者之外"。

"走到作者之外",则意味着走到"人文"之外——把作者细腻、复杂的"人生经验",剥离为概念化、抽象化的"思想"、"精神",往往导致空洞地谈论,往往导致教师及被教师引导的学生在课堂里说些"不是人话"的话,比如"不惧怕任何困难"、"任何困难都能克服"等,因而也是"把人文上成了非人文"。

学生在课文中散乱地找东西,教师在课堂里额外地讲东西,"向外跑"或"走到……之外",既跑出了"语文",也跑出了"人文",这种现象在当前的语文教学中,大量地存在着。不但是散文阅读教学,小说、诗歌、戏剧教学以及写作和口语交际等教学中也广泛地存在着。

【观察者点评】你也是这样想的吗?

【要点评议】

散文教学,实质上有两个相统一的教学目标,从学生学习的角度讲,一是体认作者在散文中所传达的独特经验,进而丰厚自己的人生经验,二是通过学习散文,提升自己阅读散文的知识与能力,即提升自己的语文经验。前者就是语文课程所谓的人文性目标,后者凸显语文课程所谓的工具性目标,"工具性与人文性的统一,是语文课程的基本特点",所以散文教学中学生丰厚自己的人生经验,是要在提升自己阅读散文的知识与能力的过程中实现的,正如蜜之于花,须臾不可分离。我们老师经常讲,阅读教学要"紧扣文本"或"不能脱离文本",批评的就是"两个向外跑"现象:一是跑到"外在的言说对象"上去,二是跑到概念化、抽象化的"思想"、"精神"中去。这部分揭示出当前散文教学普遍存在的问题,并作了原因分析。

【反思】

阅读下面的课例,回答问题。

## 《老王》课例描述

一、教师激情导入。

1. 提及一些社会小人物引发学生思考,如顶着烈日换送液化气的工人、迎着寒风清扫街道的阿姨、淋着冷雨叫卖青菜的老人等。

2. 揭示课题,简介作者。

二、初读课文,扫清文字障碍,初步感知课文内容;教师指导学生明确某些字词的读音及意思。

三、再读课文,感受人物。

1. 快速朗读一遍课文,说说你感受到老王是一个什么样的人?依据是什么?

学生依次回答:老王是一个可怜的人、不幸的人、贫困的人、善良的人、知恩图报的人,并结合课文相关内容说明。

教师总结:老王是一个卑微、贫困,但很善良的不幸者。

2. 提问思考:作者的善良表现在哪些方面?

学生回答:照顾老王的生意,关心老王的生活。

四、品读"老王送香油鸡蛋"一节,换位体验。

1. 提问思考:假如你是作者,生命垂危的老王给你送香油鸡蛋时,你在哪些方面会做得更好?

2. 三位学生依序分别回答:"我会请老王进屋歇会儿,给他倒杯水";"我不会坚持给他钱,要让老王知道我领他的情,日后再给他一些帮助,礼尚往来嘛";"我会搀扶老王下楼,一直目送他离去,而不会一直站在楼梯口看着"。

3. 继续提问思考:文中老王能理解杨先生的做法吗?揣摩一下老王的心理。

4. 三位学生依序分别回答:"杨先生非要给钱,她是真正关心我,帮助我";"她执意给我钱,也太不领我的情了";"我多想同杨先生多聊上几句,让我感谢她的善心"。

5. 教师总结:学完本文能够体察出作者要关爱不幸老人的呼吁。

五、迁移拓展,抒写心声。

1. 布置写作任务:对平凡而辛劳的人说几句心里话。

2. 三位学生依次朗读他们的习作。

问题:

一、课例中哪一个教学环节"走到课文之外"?

二、课例中哪一个教学环节"走到作者之外"?

三、哪一个教学步骤体现出教师企图让学生"具有""外在的言说对象"的"思想"、"精神"?

### 四、对策:阻截、分流与正面应对

中小学散文教学被当作问题正式提出是在 2006 年,那一年上海《语文学习》杂志连续发表了一系列讨论散文教学的研究文章和案例。但这一波似乎响应者寥寥。聚焦散文教学问题的第二波出现在 2009 年,这有两个标志:第一,上海师范大学、香港教育学院、台湾师范大学等发起的两岸三地"语文教学圆桌论坛",主题是"散文的文本解读与教学设计",迄今已举办两届。第二,江苏、浙江、安徽、上海四省市联合举办的"长三角语文教育论坛",主题是"语文教学内容的确定性",由于散文主导文类的现状,自然要聚焦到散文教学内容的确定。这一波引起了广泛的关注,并正在往纵深发展。

【观察者点评"长三角语文教育论坛",你了解吗?

综合目前的研究和实践探索,解决散文教学的问题,以下三个对策逐渐明朗。

1. 阻截:限制散文,逼使语文课程教材中语体散文的比例大大下降。

首先在课程与教材层面谋求解决。**以散文为主导文类**,发端于语体文进入语文教材之际,在大陆**定型于 1963 年**,这是由历史的机缘造成的,是受制于当时可选文本有限的现实条件而不得已

1963 年颁布的中小学语文教学大纲以国家文件的名义,将散文为主导文类的原则明确规定并落实在统编的语文教材中:"课文以散文为主","散文可占课文总数的 80% 左右"。

的选择。随着可选文本条件的大大改观,以及语文教育研究的觉醒,中小学语文教学以散文为主导文类的现状,到了该改变的时候了,事实上也已经开始改变。

小学语文教学的改革实践走在前列,以儿童文学作品为主的整本书阅读,在许多地区和学校蓬勃开展,整本书阅读的课程化建设已经起步,以"整本书阅读"为主要形态的小学语文教学新格局已初露端倪。在教材方面,以儿童文学为主导文类的读本、学本已领风气之先,如朱自强主编的《快乐语文读本》《经典儿童文学读本》《新理念语文读本》,王荣生、方卫平等主编的《新课标小学语文学本》。

高中语文课程改革,把课程分为必修课和选修课。必修课只占 2.5 个学期,这势必要大大压缩课文的量,因而客观上限制了散文的数量。**人教版《高中语文课程标准实验教材(必修)》(2007年版)共五册,计 20 单元 65 篇课文,其中语体文 12 个单元(含混编)**,小说、诗歌、戏剧、论说文合计 5 个单元,传统意义上的"文学性的散文"压缩到了 7 个单元 21 篇课文。"文学性的散文"虽在 33 篇语体文中仍占 64%,但绝对量减少了。

> **含 1 个新闻单元。新闻单元在统计中归入"散文",是因为在教材和教学中,这个单元确实是按"散文"的读法来设计的,如"体会文章独特的写法","揣摩下面语句的内涵","品味具有深刻含义的语句"。**

选修课程占 3.5 个学期,《外国现代小说欣赏》《中外现代诗歌欣赏》《中外名剧选读》《实用阅读》《〈论语〉选读》等选修课程,大大扩展了其他文类在语文教学中的比重;即使有些地区和学校选用了《中国现当代散文鉴赏》《外国诗歌散文欣赏》等课程,也与以往不可同日而语,散文教学中势必要凸显"鉴赏"、"欣赏"。

> 参见叶圣陶.关于散文写作.载中国现代散文理论[M].南宁:广西人民出版社,1983:156.

阻截是以退为进,但却是解决语文教学困境的根本办法。对传统的文学体裁四分法,有必要重新认识。**"除去小说、诗歌、戏剧之外,都是散文"**,长期以来,人们把叶圣陶的这一说法,理解为文学体裁的四分法,即小说/诗歌/戏剧/散文。这种理解看来不甚妥当。妥善的理解,似乎应该是小说,诗歌,戏剧//散文。如果这样,就构成了一个连续性的谱系:诗歌、小说、戏剧乃至电影剧本等为一大类,是纯文学;"文学性的散文"权作一大类,是杂文学;新闻、学术文章等,则是另一大类,为实用性文章。

这种分法，在学理上成立与否，倒在于次，对语文课程与教学的好处，则显而易见。"文学性的散文"与纯文学、实用性文章，三足鼎立，要求我们按三大类作品的发达状况、阅读教学的现实功用和中小学生的学习必要，在语文课程与教材中重新布局。

2. 分流：以读法为纲，细析小类，分化散文，把已经能明确解说的文类从"文学性的散文"中剔除而专门对待。

"文学性的散文"自成一大类，既不混同纯文学，也不混同实用性文章，这提示我们对"文学性的散文"需要作专门的研究，包括文本的状况、解读的方式方法乃至适合于中小学生的教学方法。

大类的三分法，容易将传统上包笼在"散文"里的有些文类区分出来，而采用相对应的解读方式，比如新闻，比如学术性散文。

> 国外课程标准多以具体的文类体裁表述。如德国语文教学大纲8年级阅读的"语篇类型"：现代短篇小说，名人轶事，民间故事，小说，诗歌，戏剧，电影，广播剧，青年读物等；10年级"说和写"要求学习批改的阅读文章如：社论，短评，评论，读者来信，通讯报道，书评等。（参见洪宗礼主编.中外母语课程标准译编[M].南京：江苏教育出版社，2001：444—449.）

把新闻当新闻读，把新闻当新闻教。**凡是体裁和文体特征认识比较清楚、已形成相应读法的文章，皆宜从"散文"中分化出来而专门对待。比如新闻、通讯、报刊文章、传记、回忆录、科普小品、演讲辞、寓言、童话等。** 有些在体裁和文体特征方面有明确解说的，如散文诗、杂文，也宜按独立小类而专门对待，至于在大类上如何处理，对语文教学不具有实质性的意义。

分流依然是以退为进，但却是目前最为可行的办法。在"文学性的散文"占课文绝大多数的既定条件下，对仍以教课文为主要形态的中小学阅读教学来说，关键是按照文本解读的理论研究已经提供了相应的解读方法，因而我们能够教对的或应该教对的，教对了。分流的结果，是分化了难题，也降低了问题解决的难度。

【要点评议】

解决散文教学的问题，对策之二是"分流"，即以读法为纲，细析小类，分化散文，把已经能明确解说的文类从"文学性的散文"中剔除而专门对待。这主要是从教材编写和教学设计的角度上讲的。教材编写应该以"读法"为纲,这里的"读法"指的是不同文类的阅读方式,不是指文本阅读的具体方法,特定的文类有其特定的"读法",相应地有其特定的教法,这是对散文进行分流的依据。

语文教学界所认定的"文学性的散文"还是一个大的文类,具有"杂文学"的性质,所以还需要再细化分类。所谓"杂文学",我认为是说"文学性的散文"具有两栖性,也就是既具有文章的特性,又体现着文学的特性。"文学性的散文"包括众多的亚文类,有的偏重于实用,比如新闻、通讯、特写、报刊言论文章、演讲辞、科普小品、学术札记等,有的偏重于文学,比如报告文学、传记文学、杂文、散文诗等。按照目前文学界和语文教学界的研究状况,细分的原则是,凡是体裁和文体特征认识比较清楚,已形成相应读法的亚文类,就使其独立出来,分门别类地编排。这样,剩余下来的主要就是文学界常说的"狭义散文",即"纯文学散文"或"艺术散文"。

为什么这样编写散文教材?我们知道,不同的文体有不同的读法,不同的读法又决定不同的教学内容。将散文分门别类、细化文体,有利于我们教师依据不同文类的体式特征进行正确的文本解读、开展合理的教学设计,这个问题在下文第三点对策中有更深入的论述。

3. 正面应对:关注"散文"文类的解读方式,强化文体意识,不同体式的散文作不同对待。

**阻截、分流之后,尚余下篇目,便需正面应对**。正面应对,目前的努力是从文类和文体两个方面着手,有如下三个关节点:

(1)关注散文的文类特征,形成与"散文"文类相匹配的解读方式,或散文解读的基本取向。

为了有效应对当前中小学散文教学的主要问题,我们提出散文解读的基本取向:散文教学要从"外"回到"里",要建立学生与"这一篇"课文的链接,实质是建立学生的已有经验,与"这一篇散文"所传达的作者独特经验之间的链接。从"外"回到"里",也就是从"外在的言说对象",回到"散文里";从被抽象化的"精神、思想",回到"作者的独特经验

> 问题看来主要在初中,人教版初中语文教科书分流后,仍剩余15个单元60篇左右课文。

里"。目前已出现体现散文解读取向的探索课例,如李海林教授执教的《幽径悲剧》等。

(2)强化文体意识,根据文体特征,分野小类,形成可依循的相应的解读理路。

正如有专家指出的:"散文文体研究的缺乏导致了20世纪90年代以来散文理论研究的弱势状态。**散文并不是一种严格意义上的文体概念,它只是在文学实践过程中约定俗成的文类概念。**失去了文体特征规范的散文,对其文类特征及其内部各亚文学样式的研究,应成为眼下散文理论研究的当务之急。"关于散文的分野,孙绍振关于"审美散文"、"审智散文"、"审丑散文"及其解读范例,钱理群关于"说理的散文"、"描写的散文"、"纪实的散文"、"抒情的散文"及其解读范例,在散文史和作家作品评论中所提炼的作家流派、风格等,均给我们提供了理论的资源。

(3)细化文体研究,揭示散文文本的最要紧处,形成可操作的具体解读方法。

关于散文文体的细化研究,目前只有一些个案,包括孙绍振等专家的文本解读范例、优秀语文教师的成功课例、"共同备课"等教研活动中出现的典型案例等。可操作的具体解读方法,目前只能从这些个案中寻觅、探测。

我们在"共同备课"及"课例研究"中,对《外婆的手纹》(李汉荣)、《合欢树》(史铁生)、《道士塔》(余秋雨)、《绝版的周庄》(王剑冰)、《背影》(朱自清)、《故都的秋》(郁达夫)、《风筝》(鲁迅)、《清塘荷韵》(季羡林)、《走一步,再走一步》(莫顿·亨特)、《藤野先生》(鲁迅)等,有较深入的探讨。比如,从叙事散文、回忆性散文、励志散文这三个角度解读《走一步,再走一步》,从回忆性散文、鲁迅的散文、《朝花夕拾》系列散文这三个角度解读《藤野先生》,都有一些深刻的收获,但离形成可操作的具体解读方法尚有距离,散文文体的理论研究急需跟进。

> 【观察者点评】这种说法你同意吗?

【要点评议】

解决散文教学问题的对策之三是"正面应对",即关注"散文"文类的解读方式,强化文体意识,不同体式的散文作不同对待。这里有必要先厘清三个术语:文类、文体、体式。文类即文本的类别,每一文类都拥有其特殊标志,被赋予了某种足以使其相对独立的性质;这些标志试图指示出某一种文类独一无二的身份,以便让它的家族成员共享一种相似性。每一种文类都由主导性的结构统一支配着其他结构特征,例如中国古典律诗的格律就是一种主导性结构。文类,许多时候被称为体裁。文体,文体学界对文体有多种定义,但可概括为文体是"表达方式"或"对不同表达方式的选择"。文体有广狭两义,广义的文体指一种语言中的各种语言变体,狭义的文体指文学文体,就是指文学作品表达方式的基本特点和语言风格。体式,是指单个文本的特定样式,也就是个体文本所具有的特殊的表现形态。从构成上讲,体式是文本内容和形式的统一;从性质上讲,体式又是文本共性与个性的统一,既要具有某一类文本的共性特征或类的特征,又必然具有其个性的、独特的表现形态。由是观之,这三个术语既有区别又有联系,其中文体是核心。就文学作品而言,文类强调的是文学文体的共性特征,体式侧重于文学文体的个性特点。

厘清这三个概念,对我们开展散文教学有如下启示:首先,我们要关注散文的文类,强调文本解读要采取与散文文类相匹配的解读方式,通俗一点说,就是把散文当成散文读,不要当作其他文类读,尤其不能当作实用文章读。其次,我们要强化文体意识,关注和借鉴散文文体研究的相关成果,以求形成可依循的相应的解读理路,只不过这方面成熟的理论资源较少。第三,细化文体研究,依据体式探寻可操作的具体解读方法,也就是读出一篇散文所呈现的独特的文体特征。

散文教学所处的困境,也就是中小学语文教师几乎每天都要遭遇的困境。为中小学语文教师提供散文解读的抓手和工具是我们的愿景。在此,也呼吁文学、文章学、语言学专家伸出援助之手。如果多个学科的专家协同作战,相信这困扰我国近百年的散文教学难关终有被攻破的一天。

## 资源链接

1. 佘树森.中国现当代散文研究[M].北京:北京大学出版社,1993.

2. 林非.林非论散文[M].南昌:江西高校出版社,2000.
3. 钱理群等.解读语文[M].福州:福建人民出版社,2010.
4. 孙绍振.文学创作论[M].福州:海峡文艺出版社,2009.
5. 范培松.中国散文史(20世纪)[M].南京:江苏凤凰出版社,2003.

## 后续学习活动

通过本专题的学习,对于散文阅读教学,你产生了哪些想法?又有哪些反思?尝试在你的学校开展关于散文教学的专题研讨活动,聚焦主题是"散文教学的问题与对策",你可以参照下面的步骤来做。

**任务1**:在你的学校做一次关于"散文教学的问题与困难"的调研,调查一下:老师们在日常的散文教学中都遇到了哪些困难?产生了哪些问题?为什么会出现这些现象?有条件的话可以多做几所学校。下面有一份调查问卷可供参考使用。

---

**"中小学散文教学的问题与困难"问卷调查**

尊敬的老师:

您好!为了深入了解中小学散文教学的现状,了解您对中小学散文教学的认识,发现老师们在教学中的问题和困难,以期给您的散文教学提供可能的帮助,特设计了这份问卷。此项调查纯属研究所需,请您在繁忙的工作中抽出少许时间给予回答。非常感谢您的合作!

单位<br>××年×月

问卷题目:

一、在您的教学生涯中,您认为比较难教的散文篇目有哪些?

二、您在教散文的时候遇到过哪些困难?请分条写下来。

三、在改善散文教学方面,您最希望得到怎样的帮助?请分条写下来。

---

**任务2**:在教学中我们可以采取"分流"和"正面应对"的方法来解决散文教学的问题与困难。以人教版《普通高中课程标准实验教科书·语文(必修)》为例,传统意义上的"文学性的散文"有如下7个单元24篇课文:

## 普通高中课程标准实验教科书　语文

必修 1

第三单元

    7　记念刘和珍君

    8　小狗包弟

    9*　记梁任公先生的一次演讲

第四单元

    10　短新闻两篇

        别了，"不列颠尼亚"

        奥斯维辛没有什么新闻

    11　包身工

    12　飞向太空的航程

必修 2

第一单元

    1　荷塘月色

    2　故都的秋

    3　囚绿记

第四单元

    11　就任北京大学校长之演说

    12　我有一个梦想

    13　在马克思墓前的讲话

必修 3

第四单元

    12　动物游戏之谜

    13　宇宙的边疆

    14*　一名物理学家的教育历程

必修 4

第三单元

    8　拿来主义

    9　父母与孩子之间的爱

> 10* 短文三篇
> 　　　热爱生命
> 　　　人是一根能思想的苇草
> 　　　信条
>
> 必修5
> 第三单元
> 　8　咬文嚼字
> 　9　说"木叶"
> 　10*　谈中国诗

一、哪些单元的课文可以"分流"？"分流"以后应分别按照怎样的文体来教？请完成下面的填空题：

可以分流出去的有5个单元，分别是：第一册第4单元，按_____来教，比如《别了，"不列颠尼亚"》；第二册第4单元，按_____来教，比如《就任北京大学校长之演说》；第三册第4单元，按_____来教，比如《动物游戏之谜》；第四册第3单元，按_____来教，比如《拿来主义》；第五册第3单元，按_____来教，比如《咬文嚼字》。

二、真正需要按"散文"对待而"正面应对"的还剩余2个单元，一共6篇课文，分别是：

①_____
②_____
③_____
④_____
⑤_____
⑥_____

## 散文阅读教学设计的原理

**专家简介**

王荣生,基本情况见前一专题相关内容。

**热身运动**

阅读本专题之前,请先完成下列三项热身运动。

一、判断正误(正确的打√,错误的打×)。

1. 散文不是一种严格意义上的文体概念,它只是约定俗成的文类概念。(　　)

2. 在中小学语文教学中,"散文"特指现当代散文和古代散文。(　　)

3. 散文阅读的要领是:体味精准的言语表达,分享作者在日常生活中感悟到的人生经验。(　　)

4. 从有利于散文教学的角度,在中小学语文教学中应该采用"紧缩的"散文定义,即"文学性的散文"。(　　)

二、关于"文学性的散文",下列说法哪一项是不正确的?(　　)

A. "文学性的散文"是语文教学界对教材中散文篇目的一种特定称谓,不同于文学界所认定的"文学散文"。

B. "文学性的散文"具有两栖性,即既具有文章的特性,又体现着文学的特性。

C. "文学性的散文"的着眼点,在于作者运用个性化的言语表达,叙写高度个人化的言说对象,抒发自己独特的情感认知。

D. "文学性的散文"的阅读教学,要由言及意,引导学生感同身受,也要引导学生进行多元解读。

三、根据"文学性的散文"的特点,结合你的备课经验,完成下表。

| 课文 | 个人化的言说对象 | 独特的情感认知 |
| --- | --- | --- |
| 《背影》 | 父亲的背影 | 体认父爱的那双心眼 |
| 《老王》 | 善良而不幸的老王 | 看出善良与不幸的那副心肠 |
| 《幽径悲剧》 | | |
| 《安塞腰鼓》 | | |
| 《藤野先生》 | | |

### 学习目标

通过本专题的学习,你能够:

1. 了解散文"被剩余"、"无规范"的文类特征,明确中小学语文教学中"散文"的具体所指。熟知"文学性的散文"的特点,即作者通过个性化的言说方式,传达自己独特的人生经验,表现本我个性化的情感认知。

2. 透彻地掌握散文阅读的要领,即体味精准的言语表达,分享作者在日常生活中感悟到的人生经验,以指导自己在日常备课时进行正确的文本解读。

3. 树立正确的散文教学设计理念,散文教学需要点滴累进,打持久战;应该秉持散文教学的基本原则——从散文的文类特征、"文学性的散文"的特点、散文阅读的要领等引申出来的一系列原则。

### 讲座正文

这一讲具体讨论散文阅读教学设计。我们将从四个方面展开:(1)散文的文类特征;(2)"文学性的散文"的着眼点;(3)散文阅读的要领;(4)散文阅读教学的原则。散文阅读教学设计，要具体地把握散文文类的特征，把握这一文类的阅读活动的特性，把握散文阅读教学的原则。

> 散文之"散"，不是散乱、松散之意，而是散逸、自由、绝少限制，所以才说散文的文类特征是"无特征"。

## 一、散文的文类特征

散文是中小学阅读教学的主导文类，散文阅读教学占据语文教学的大部分课时。散文也是阅读教学中问题最多的一个领域，这与散文的文类特征难以把握有直接关系。**散文的文类特征，其实是"无特征"**，这主要表现在以下两个方面：

### （一）散文"被剩余"

散文并不是一种严格意义上的文体概念，它只是在文学实践过程中约定俗成的文类概念。"散文"的定义，向来用"排除法"。也就是说，凡是在文体上说不清、道不明的，就会被放进"散文"这个筐里。

在中国古代，骈文之外，便是"散文"；韵文之外，都是"散文"。在中国现代，小说、诗歌、戏剧等，被称之为纯文学，"散文"则被称之为杂文学，文学作品中除去小说、诗歌、戏剧之外，都是散文。如下图所示。

| 小说、诗歌、戏剧 | 散文 | 实用文章 |
| :---: | :---: | :---: |
| （纯文学） | （杂文学） | （非文学） |

在当代，"散文"的地盘被进一步挤压。凡是形成了文类规范、能指明文类特征的文章，逐渐从"散文"中分离出去，比如通讯、特写、报告文学、报刊言论文章、传记、演讲辞、科普小品、学术札记、寓言、童话、儿童故事等。有些亚文类，如回忆录、序言、杂文等，尽管仍然赖在"散文"这个筐子里，但因其文类规范和特征逐渐明朗，往往也被当作散文中的"另类"看待。

> 古代散文，在中小学语文教学中称之为"文言文"。

**在中小学语文教学中，"散文"特指"现代散文"**，它主要有两种所指：

1. 宽泛的：除去诗歌、小说、戏剧等"纯文学"和实用文章，并剔除通讯、特写、报告文学、报刊言论文章、演讲辞、科普小品、学术札记等已经独立门户的亚文类之后，剩余下来的那些作品。

2. 紧缩的：在上述范围之外，进一步圈出回忆录、序言、杂文、散文诗等文体特征已比较清晰的亚文类，所剩余下来的那些作品；或者只收纳其中"文学性"较显著的一小部分，与仍"被剩余"的合并，统称为"文学性的散文"。

## （二）散文"无规范"

即使不断清理门户，"文学性的散文"依然是个庞大的家族，成员样式繁多，文体各异；其共性，就是"散"。"散在骨子里"，是现代散文的文类特征，也是现代散文区别于古代散文（文言文）的关键点。

**【观察者点评】**为什么要使用"文学性的散文"这样一个新概念？现在你明白了吗？

### 1. 现代散文不拘一格

表现在散文的内容上，是"题材广泛多样"。散文的内容，纵贯古今，横亘中外，包容大千世界，穿透人生社会，寄寓于人生百态、家长里短，取材十分广泛。

表现在散文的形式上，是"写法自由和体式不拘"。"散文是没有一定格式的，是最自由的。"散文无边界，可兼采诗歌、小说、剧本和实用文章的要素。散文可混合多种成分，记叙、描写、说明、议论，交织其中。散文的结构方式开放而无定态，无需遵循特别的章法和结构模式。

参见杨文虎.文学：从元素到观念[M].上海：学林出版社，2003：135.

正如有研究者所讲，散文无规范，一讲"规范"，散文就死，"纯、正、高、雅，每个字都能将散文箍死"。"对散文写法作任何规定，不管是老八股也好，洋八股也好，都会戕害散文的生命。"

### 2. 现代散文张扬个性

不拘一格，也就是张扬个性。现代散文之最大特征，是每一个作家的每一篇散文里所表现的个性，比以前的任何散文都来得强，"现代的散文，却更是带有自叙传的色彩了"。散文抒写性灵，是个体情怀的见证。散文的第一要素，是"表现自我的真情实感"。梁实秋曾深有感触地说过："一个人的人格思想，在散文里绝无掩饰的可能，提起笔便把作者的整个性格纤毫毕露的表现出来。"

参见郁达夫.《中国新文学大系·散文二集》导言.周红莉编.中国现代散文理论经典[M].苏州：苏州大学出版社，2008：227.

对于散文来说，文类尺度的撤离几乎使个体特征成为唯一的依据。谈论散文的时候，人们更多想到的是某某人的散文：鲁迅的散文、周作人的散文、郁达夫的散文、沈从文的散文、汪曾祺的散文、蒙田的散文、尼采的散文,等等。不同时期的散文,是不同的样式;不同作者的散文,是不同的样式;同一位作者的不同散文,尤其是不同阶段的散文,往往也是不同的样式。

> 【要点评议】
> 　　这一部分主要阐述三个问题:第一个问题是"散文"的定义,有如下三个方面需要考虑:1. 散文是一个文类概念,迄今为止,散文也难以化"类"为"体"。2. 散文的定义一般采取"排除法",在古代,采取两分法,凡是韵文、骈文之外的都是散文;在现代,采取四分法,凡是小说、诗歌、戏剧等纯文学之外的,都算作"散文"。3. 散文的外延不断缩小,在现当代,凡是形成了文类规范、辨明了文体特征的亚文类,就从整个散文大家族中独立出去。第二个问题是中小学语文教学中"散文"的界定。散文作品进入中小学语文教材,是作为教学文本的散文,特指现当代的"文学性的散文"。第三个问题是"文学性的散文"的两个特点——不拘一格和张扬个性。

## 二、"文学性的散文"的着眼点

### (一)"文学性的散文"的内与外

"文学性的散文"介乎文学与实用文章之间,它既具有文章的特性,又体现着文学的特性。

具有文章的特性,主要指它的写实性。散文有"外在的言说对象":即使没有《荷塘月色》《幽径悲剧》,清华园里的荷塘、北大校园幽径旁的古藤萝,也是真实地存在着或存在过的。有外在的、可以指认的言说对象,这是散文与诗歌、小说、戏剧等"纯文学"作品的差别。诗歌、戏剧自不必说,看起来是"写实"的小说,其实是"虚构"的产物,作品中的人、事、景、物,是小说家的语言所营造的世界。

散文体现着文学的特性,根由也在"语言所营造的世界"。散文不尚虚构。散文叙写作者的所见、所闻。但散文的写实,也不是"客观的"写实。散文中的言说对象,是个人化的言说对象,它唯有作者的眼所能见、耳所能闻、心所能感。在散文中呈现的,是"这一位"作者极具个人特性的感官所过滤的人、事、景、物;散文对现象的阐释和问题的谈论,也不是"客观的"言说。换言之,《荷塘月色》中的荷塘,是朱自清眼中的荷塘,是朱自清心灵中独有的镜像，它是世界上任何人从未见，也是平日的朱自清所未尝见过的荷塘；《幽径悲剧》中对古藤萝喜爱、对古藤萝被毁的愤慨，是90岁高龄的季羡林极具个人化的情怀和思绪。

高度个人化的言说对象，这是"文学性的散文"与论文报告、新闻通讯等文章的差别。阅读论文报告、新闻通讯等，最终要指向文章的外面，指向客观的言说对象：它们所论述的道理，是否成立？所报道的事件，是否真如所言？而成立与否、是否如实，有公认的判别依据；之所以写论文、发新闻，目的就在于要获得公认或成为公认。

散文不祈求成为公认；阅读散文，也不是为了获取什么公认。作者之所以写散文，是要表现眼里的景和物、心中的人和事，是要与人分享一己之感、一己之思。我们阅读散文，是体认作者所见所闻，分享作者所感所思。**阅读散文，自始至终都在"散文里"**。外在于散文的客观的言说对象，不在散文阅读的视野里；或者说，与外在的言说对象发生这样那样的关联，是在阅读之后才发生的事。

【观察者点评】想一想，这是什么意思呢？

### （二）"文学性的散文"的主体与客体

高度个人化的言说对象，是作者眼里的主观的人、事、景、物，在散文中是记叙、描写的客体，比如《背影》中的"父亲"、《老王》中的"老王"、《荷塘月色》中的"荷塘"、《幽径悲剧》中的"古藤萝"、《安塞腰鼓》中的"打腰鼓场景"等。作者记叙与描写"父亲"、"老王"、"荷塘"、"古藤萝"，目的不是要向读者介绍那些人和事，描摹那些景和物，之所以记叙、描写，是为了抒发作者的所思、所感，是为了表达作者这一主体对社会、对人生的思量和感悟。

散文的关键点，不在所记叙、描述的客体，而在记叙、描述中所灌注的作者主体的思想、感情。《背影》的关键点，不在"父亲对我的爱"，而在体认到"父爱"的那双心眼；《老王》的关键点，不在"老王的善良"，而在作者能看出老王善良的那副心肠。《荷塘月色》的关键点，不在"荷塘的景色"；《幽径悲剧》关键点，不在"古藤萝被毁的惨剧"；《安塞腰鼓》的关键点，也不在"打腰鼓场景的威武、雄壮"。关键点在于发现景色的心境，痛感惨剧的心灵，为威武、雄壮而奋发、激昂的心怀。

阅读散文，不仅仅是为了知道作者所写的人、事、景、物，而是通过这些人、事、景、物，触摸写散文的那个人，触摸作者的心眼、心肠、心境、心灵、心怀，触摸作者的情思，体认作者对社会、对人生的思量和感悟。

**(三)"文学性的散文"的日常与独特**

散文是日常的,是用常态的心境叙写日常生活。散文记人,很少是大红大紫的人;散文叙事,很少是大起大落的事;散文描绘的景与物,绝非隔世之景、稀罕之物;散文中的谈资,也很少涉及大是大非。在散文中,人是普通人,事是平常事,景与物是平日里所能见的景物,谈论的多是大家在饭后茶余或许都会聊到的话题,所抒发的情感、所表露的情思,也多貌似我们所具有的,或与我们原已具有的情感、情思相类或相通。因此,阅读散文,我们会有一种亲近感,往往会很自然地唤起相关的生活经历和人生经验,也很容易用自己的既成经验,去过滤、同化甚至顶替散文中作者的经验,乃至忘记了去体察作者独特的情感认知。

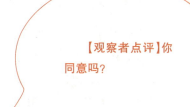

【观察者点评】你同意吗?

散文叙写日常生活,其实是作者以其独特的情感认知,叙写在日常生活中的独特发现和感悟,以及他独特的人生经验。散文中叙写的所见、所闻,是"这一位"作者以其独特的感觉和知觉,对人、事、景、物及其意蕴的发现。散文中抒发的所思,散文中传达的所感,是"这一位"作者依其独特的境遇所生发的极具个人色彩的情思。正因为经验之独特,正因为作者的经验与我们之不同,我们才需要去读作品,才能够通过其散文,感受、体验、分享我们在日常生活中所没有、所不可能有的人生经历和经验,才能够通过阅读,丰富和扩展我们的人生经验。

**(四)"文学性的散文"的言和意**

意,是散文表现的内容。综上所述,它主要是两个方面:

(1) 高度个人化的言说对象,即作者眼里的主观的人、事、景、物。

(2) 在散文的记叙、描述中所灌注的作者主体的思想、感情,他对社会、对人生的思量和感悟。

这两方面,归结为一点,就是作者独特的人生经验:"这一位"作者依其独特感觉和知觉的所见、所闻,"这一位"作者依其独特境遇所生发的所思、所感。而所见、所闻、所思、所感,落根在"这一篇",通过独抒心机的谋篇、个性化的言语表达、流露心扉的语句,作者的人生经验,融汇在他的语文经验里。"文学性的散文",尤其是优秀的散文作品,无不追求精准的言语表达——那些个性化言语所表现的,是丰富甚至复杂,细腻甚至细微的感官所触、心绪所至。

"**文字就是思想。**"朱自清曾说过一段至今仍发人深省的话:"只注重思想而忽略训练,所获得的思想必是浮光掠影。因为思想也就存在语汇、字句、篇章、声调里,中学生读书而只取思想,那便是将书中的话用他们自己原有的语汇等等重记下来,一定是相去很远的变形。这种变形必失去原来思想的精彩而只存其轮廓,没有什么用处。"

"文字里的思想是文学的实质。文学之所以佳胜,正在它们所含的思想。但思想非文字不存,所以可以说,文字就是思想。"(参见朱自清.文学的美,朱自清选集第三卷[M].石家庄:河北教育出版社,1989:434—435.)

综合上面的讨论,"文学性的散文"的着眼点,总结为以下左右两图,左右两图是等值的。

### 三、散文阅读的要领

散文阅读,即鉴赏"文学性的散文",其要领可以归结为一句话:体味精准的言语表达,分享作者在日常生活中感悟到的人生经验。

#### (一)分享作者在日常生活中感悟到的人生经验

**1. 分享首先要区分人我**

分享,即"和别人分着享受",分享的前提,是区分人我。散文中的所见所闻,是别人的所见所闻;散文中的所思所感,是别人的所思所感。然而,正如前文所述,散文是与我们日常生活经验最为接近的文学样式,阅读散文很容易"人我不分",很容易用自己的既成经验,去过滤、同化甚至顶替散文中作者的经验。以己之心,揣度作者之念,这既是散文阅读所必需,也是散文阅读的陷阱。同我心者,赞之;异我心者,弃之;逆我心者,愤之。其结果,读却如未读,终究囿限在自己的既成经验之中。

**2. 分享不是"占有"、"具有"**

读者的经验,与作者所传达的经验不同。这种不同,不仅表现在阅读的起点,也表现在阅读的终点。我们不能够占有作者的人生经验。换言之，我们不可能"具有"与作者等同的经验，无论是阅读之前、阅读之中还是阅读之后。所谓"分享"，是体察，是认识和理解：世界上还有这样一种人，有这样一双眼睛，他们能看到这样的人、事、景、物；世界上还有一种人，有这样一腔情怀、一种情调，他们能有这样的感受，有这样的思量。在阅读中，我们突破自身直接生活经验的囿限；通过阅读，我们扩展、丰富对世界和他人的认识、理解；通过认识和理解，我们观照自我，触发或启迪对自己的生活和人生的思考。

> 在散文阅读教学中，语文教师似乎存在一种念头，希望学生"占有"作者的经验。这突出地表现在结课的"激情号召语"中，比如："让我们带着安塞的精神走好自己的人生道路"(《安塞腰鼓》)，"让我们带着百合的精神走好自己的人生道路"(《心田里的百合花开》)，"让我们以一颗善良的心对待天下所有不幸的人们"(《老王》)等等。

## （二）体味精准的言语表达

作者的人生经验，通过精准的言语来表达，也存活于这些言语中，唯有通过对言语的体味，我们才能把握作者的独特经验，才能感受、体认、分享散文所传达的丰富而细腻的人生经验。

### 1. 体味必须细读

散文阅读，最忌浮皮潦草。浮皮潦草的结果，是不成熟的读者以自己的语文经验"篡改"作者的言语，把自己的经验"幻觉"为作者的经验。

汪曾祺的《胡同文化》，不少人以为"抒发了对胡同和胡同文化的复杂情感"，尽管他们在这篇散文的大部分文字中找不到"情感"。与语文教师共同备课，他们拎出这一段，并揪出其中的"怀旧情绪"和"怅望低徊"：

"看看这些胡同的照片，不禁使人产生怀旧情绪，甚至有些伤感。但是这是无可奈何的事。在商品经济大潮的席卷之下，胡同和胡同文化总有一天会消失的。也许像西安的虾蟆陵，南京的乌衣巷，还会保留一两个名目，使人怅望低徊。"(《胡同文化》)

于是，我们一起细读。"不禁"就是不由自主，"使人"中的"人"，是看胡同照片的人，包括作者汪曾祺，也包括任何看过或可能看到这些照片的人。看这些照片的人都会不由自主地产生怀旧情绪。显然，这是客观的描述，而不是主观的抒情。接下来的"使人怅望低徊"，也是如此。看到北京胡同遗迹的人都会不由自主地怅望低徊。这也是客观的描述，与试图感染别人的抒情无干。在被认为是"最明显抒情"的段落和语句中,找不到"抒情",那么所谓"抒发复杂情感"的谬解,便轰然倒塌。

2. 体味是仔细领会

仔细领会,包括相辅相成的两个方面:

(1) 作者言语表达的功力

优秀的散文作家,能够用语言精准地捕捉精微的感觉和知觉,能够用语言贴切地传达丰富而细腻的人生经验,尽管有时初看起来似乎是些很普通的语句。比如《散步》开篇第一句:"我们在田野散步:我,我的母亲,我的妻子和儿子。"比如《藤野先生》开篇的第一句:"东京也无非是这样。"对以言逮意的追求,对以言逮意的功力的敬重,可以说是语文学习的根本。阅读散文,不顾作者的言语表达,不能见识作者言语表达的功力,这无异于买椟还珠。

(2) 精准的言语表达所蕴含的意味

作者精准的言语,精准在对细腻的人生经验的贴切表达。读者体会优秀散文的精准言语,落实在对作者感悟到的人生经验的领会。"文字之所以佳胜,正在它们所含的思想。"品味语言,实质是发掘文学作品字里行间所蕴含的意思、意味。

> 第三部分谈到散文阅读的要领,请提炼出几个要点:

3. 体味是体会、寻味

散文阅读中的体会、寻味,也包括相辅相成的两个方面:

(1) 语言的滋味

比如《故都的秋》,体会下列加点词语的表达效果:

秋天,无论在什么地方的秋天,总是好的;可是啊,北国的秋,却特别地来得清,来得静,来得悲凉。我的不远千里,要从杭州赶上青岛,更要从青岛赶上北平来的理由,也不过想饱尝一尝这"秋",这故都的秋味。

(2) 作者的情调

对于散文,尤其是所谓"闲话体"的散文,如周作人、林语堂、俞平伯、梁实秋等人的散文,体会作者"闲适"的情调,有时比了解他们所谈论的话题还要重要。

【反思】

　　散文教学必须细读,细读需要仔细领会那些能够体现作者言语表达功力的语句,比如"我们在田野散步:我,我的母亲,我的妻子和儿子"(《散步》),再如"东京也无非是这样"(《藤野先生》)。你还能举出哪些例子来？

1.

2.

3.

### 四、散文阅读教学的原则

散文阅读教学，就是教师指导学生鉴赏现当代的"文学性的散文"。散文阅读教学，要遵循从散文的文类特征、"文学性的散文"的着眼点、散文阅读的要领等引申出来的一系列原则。

#### （一）"排除法"定义对散文教学的启示

散文用"排除法"定义，意味着滞留在"散文"这个概念框架里的文章，在文体上说不清、道不明。但教学必须以能说清、可道明为前提，因此从有利于散文教学的角度，我们建议在中小学语文教学中采用"紧缩的"散文定义，即"文学性的散文"。具体对策，也可采用逐步排除法：

1. 凡是体裁和文体特征认识比较清楚，已形成相应读法的，皆宜从"散文"中分化出来而专门对待。比如通讯、特写、报告文学、报刊言论文章、传记、演讲辞、科普小品、学术札记等。

2. 有些在体裁和文体特征方面有明确界说的，如回忆录、序言、杂文、散文诗等，也宜按独立小类而专门对待；至于在大类上如何处理，对语文教学不具有实质性的意义。

3. 对仍"被剩余"的"文学性的散文"，要强化文体意识，根据文体特征，分野小类，力求形成可依循的解读理路。

孙绍振关于"审美散文"、"审智散文"、"审丑散文"的分别及其解读范例，钱理群关于"说理的散文"、"描写的散文"、"纪实的散文"、"抒情的散文"的分别及其解读范例，贵志浩关于"闲话体"、"独语体"、"倾诉体"

参见孙绍振.文学创作论[M],第六章.福州:海峡文艺出版社,2007.钱理群等.解读语文[M].福州:福建人民出版社,2010:241.贵志浩.话语的灵性——现代散文语体风格论[M].杭州:浙江大学出版社,2010:50—88.

的分别及其解读范例,以及在散文史研究和散文作家作品评论中所提炼的作家流派、风格等,均为分野小类提供了理论的资源。

## (二)"不拘一格"、"张扬个性"对散文教学的启示

"不拘一格"、"张扬个性",是现当代优秀散文家刻意追求的散文境界。散文"无规范",但教学必须以明了规范为前提;对"无规范"的散文,也必须找到对应"无规范"的办法。

**1. 现代散文不拘一格,这就意味着,在散文阅读教学中,决不能用一种固定的套路去对付所有散文。**

2. 现代散文不拘一格,这就意味着,决不可以拿古代散文刻意考究的章法和技法,比如"以小见大"、"伏笔照应"、"一字之骨"等,去描摹、套用于现代散文。

3. 现代散文张扬个性,这就意味着,在散文阅读教学中,必须找准"这一位"作者散文的特质,必须找到"这一篇"散文的特质,包括所谈论的话题,所抒发的情思,所运用的言语。

【观察者点评】你了解当前散文教学的固定套路吗?

## (三)"文学性的散文"的着眼点对散文教学的启示

1. 散文阅读教学,始终在"这一篇"散文里,要驻足散文里的"个人化的言说对象";严防跑到"外在的言说对象",演变为谈论"外在的言说对象"活动。

2. 散文阅读教学,要着眼于主体,触摸作者的情思;严防滞留在所记叙、描写的客体,演变为谈论那人、那事、那景、那物的活动。

3. 散文阅读教学,要关注作者独特的情感认知,引导学生往"作者的独特经验里"走;严防受既成经验的遮蔽,演变为谈论各抒所见的活动。

4. 散文阅读教学,要由言及意,往散文中的个性化言语所表达的丰富甚至复杂、细腻甚至细微处走;严防脱离语句,跑到概念化、抽象化的"思想"、"精神",演变为谈论口号的活动。

## (四)散文阅读的要领对散文教学的启示

1. 散文阅读教学,要引导学生学会区分人我,引导学生体察在散文中表露的、对学生来说很可能是陌生的经验。

2. 散文阅读教学,要引导学生学会分享,在认识和理解别人的所见所闻、所思所感的过程中,观照自我。

3. 散文阅读教学,要引导学生细读,体味作者言语表达的功力,体味精准的言语

表达所蕴含的意味,体味语言的滋味和作者的情调。

4. 散文阅读教学,要培养学生以言逮意的追求,要唤起学生对以言逮意的功力的敬重。

【要点评议】

　　散文阅读教学的原则,可以归纳为以下四条:(1)散文教学设计理念,要依据散文的体式进行教学设计,即课堂教学中不能只教散文的共性特征,还必须教出一篇散文的特质来。(2)散文教学设计的核心问题,是依据散文的体式特征确定合宜的教学内容。(3)散文教学的目标,是通过体味散文精准的言语表达,体认与分享作者丰富、细腻、独特的人生感受。(4)散文教学的方法,是学生通过教师指导下的文本细读,增长自己的语文经验。

## 资源链接

1. 周红莉. 中国现代散文理论经典[M]. 苏州:苏州大学出版社,2008.
2. 佘树森. 散文创作艺术[M]. 北京:北京大学出版社,1986.
3. 李光连. 散文技巧[M]. 北京:中国青年出版社,1992.
4. 方遒. 散文学综论[M]. 合肥:安徽教育出版社,2004.
5. 贵志浩. 话语的灵性——现代散文语体风格论[M]. 杭州:浙江大学出版社,2010.

## 后续学习活动

通过本专题的学习,你产生了哪些想法?又有哪些反思?请开展一次研究行动,聚焦"散文阅读教学设计",可以参照下列步骤进行。

**任务1**:尝试开展散文阅读教学设计练习,请按照下面的模板来备课,为了更好地保证活动的系统性、针对性和有效性,建议选择《幽径悲剧》这篇课文,因为随后的任务2、任务3都是围绕这篇课文展开的。

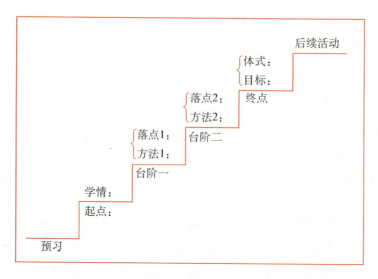

**任务 2**:研读下面的课例,提炼概括这节课三个环节的教学内容,填在横线处。

---

**散文阅读教学课例:《幽径悲剧》(李海林执教)**[①]

【导入】_____

◎ "鲁殿灵光"是什么意思?

◎ 什么叫悲剧呀?

◎ 我们今天学习的这篇课文写到的"被毁灭"的"有价值的东西"是什么?

◎ 这篇课文写到的这个被毁灭了的藤萝,其"价值"在哪儿呢?它有什么"价值"呢?

【环节一】_____

1. 关于第 8 段

◎ 课文中集中描写藤萝的是哪一段?

◎ 你们喜欢"这一棵"藤萝吗?

◎ 那你们看作者喜欢吗?

◎ 你从哪里看出来作者也是喜欢的?

◎ 你从哪里可以看出作者很快乐?

◎ 那么,同学们还可以从哪里感受到这种快乐呢?

---

[①] 根据李海林执教的《幽径悲剧》整理。见李海林:《幽径悲剧》教学实录[J].中学语文教学,2011(2).

◎ "大有直上青云之概","颇有万绿丛中一点红的意味",你们从这里可以看出作者的心情吗?

◎ 现在的问题是:为什么引用了古诗句,就表达了作者的快乐、开心呢?

2. 关于第11段

◎ 其中直接写藤萝的"被毁灭"的是哪一段?

◎ 我们今天读他的文章,我们能理解他的痛苦吗?我们能理解他心中的情感吗?

【环节二】_____

◎ 那么,我们怎么样体贴作者之心呢?

1. 找作者直接的陈述

◎ 你们看课文11段到16段,把有"我"的句子找出来。请同学们把这28句中有心理动词的句子划出来。

2. 要看它的话外之音,言外之意

◎ 你们来读一下课文的第15段,看看这一段是什么样的语气语调,你觉得这种语气语调有什么特点,你从这样的语气语调中感受到作者什么样的思想感情。

◎ 同学们把自己的感觉填到这张表上:语气语调给你的整体感觉;你从这种语气语调中体会到的作者的情感。

◎ 你觉得这是一种什么语气语调?

◎ 其实,这篇课文的后半部分,有好几个地方都有点无奈的味道。你们看看,还有哪里?

**任务3**:自己上一堂《幽径悲剧》的研究课,一定记得录像,课后转化为文本的课堂实录;然后做一次课例研究,下面的表格能够给你提供研究的思路和方法。

| 备课阶段 | | 上课阶段 | | 课后 | |
|---|---|---|---|---|---|
| 我打算教什么 | 设计意图 | 我实际教了什么 | 为什么会这样 | 学生学到了什么 | 我是怎么知道的 |
| | | | | | |

我的反思

# 散文的特性与教学内容的开发

**专家简介**

郑桂华,博士,上海师范大学中文系教授、硕士生导师。教育部"国培计划"专家库专家。中国教育学会中学语文教学委员会学术委员。著有《听郑桂华老师讲课》《语文有效教学:观念、策略、设计》《语文教学的反思与建构》等。

**热身活动**

阅读本专题之前,请先完成下列两项热身运动。

一、关于散文的文体特点,学者多有研究,下面的观点分别出自何人之口?可到讲座正文中去找答案。

1. 外国文学里有一种所谓论文,其中大约又可以分两类。一批评的,是学术性的。二记述的,是艺术性的,又称作美文。(　　)

2. 现代散文的最大特征,是每一个作家的每一篇散文里所表现的个性,比从前的任何散文都来得强。(　　)

3. 新文学在中国发展以后,通行着一种抒情的小品文,……实际上就是以抒发作者对真实事物情感和思想为主的叙事抒情散文。(　　)

4. 散文的特点是"形散神不散"。"神不散",指文章中心明确、紧凑集中、不赘述。

"形散"是什么意思呢？我以为是指散文的运笔如风、不拘成法，尤贵清谈自然、平易近人而言。（　　）

5. 一般讲到散文的应用，不外抒情与叙事两端。抒情接近诗歌，而叙事则临近小说。散文于是就成了动物中的蝙蝠，亦鸟亦兽，非鸟非兽。（　　）

二、关于"散文教学内容难以确定的原因"，下列说法哪一项是不合理的？（　　）

A．语文课标中对散文应该"教什么"没有清晰的规定。

B．根本原因是语文教材里对散文应该"教什么"，没有提供有效的设计。

C．目前缺乏关于散文文类和散文教学的核心知识。

D．目前缺少老师们都认可的散文教学模式。

## 学习目标

通过本专题的学习，你能够：

1. 正确认识散文的文体特点，能用自己的话概括"文学性散文"的特质，明确散文教学内容难以确定的原因，树立正确的散文观和散文教学观。

2. 深入理解确定散文教学内容的四条路径，以此为理据，学会分析判断自己在日常的散文教学中存在的问题，并愿意结合实践开展教学设计的重构。

## 讲座正文

今天讨论两个问题：一、散文的文体特点；二、散文教学内容的开发。散文这种文类的外延相当广泛，直到今天对散文也没有一个非常明确的界定。我们今天讨论的不是作为一个文类的散文，而是聚焦"文学性散文"。

### 一、散文的文体特点

散文的文体特点，或者说散文是什么，这肯定是我们研究散文教学的前提。这个问题我们分两块来谈：第一，来自历史的声音，就是散文概念的历史沿革；第二，当下的研究，就是当下学术界对

【要点提炼】这里所谈的"文学性散文"不同于上面讲座中王荣生教授界定的"文学性的散文"，它比"文学性的散文"的外延还要小，相当于文学界常说的"狭义散文"，即"纯文学散文"或"艺术散文"。

散文的研究成果。

**（一）散文概念的历史沿革**

首先梳理一下散文的发展历程。最早提到文学性散文的是大家都很熟悉的刘半农，他首次明确提出了"文学的散文"和"文字的散文"二者间的区别。"文字的散文"强调散文的文章特性，"文学的散文"强调散文的文学品质，即具有感染力、审美效果的特性，也就是文学性散文。接下来最有代表性的就是周作人作于1921年的《美文》："外国文学里有一种所谓论文，其中大约又可以分两类。一批评的，是学术性的。二记述的，是艺术性的，又称作美文，这里边又可以分出叙事与抒情，但也很多两者夹杂的。"这是一篇很短的文章，但却是散文研究中一个比较权威的资料。当然周作人的用词我们今天看来还不是很规范，因为对当时散文这样一种文体，他用的是"艺术性的论文"这样一个不是非常明确的概念来表述的。

1923年8月，编辑家、作家叶圣陶发表《编者的话》，在文中他以一个"读者"的名义要求散文"作家"道："我要求你们的工作完全表现你们自己，不仅是一种意见、一个主张，要是你们自己的，便是细到像游丝的一缕情怀，低到像落叶的一声叹息，也要让我认得出是你们的而不是旁的人的。"因为所写的"话语"，正是"你们的心的独特的体相"。叶圣陶先生这段话的核心是什么？他非常强调散文是个人的，要写出个人的感受，这一点才是文学性散文的关键所在。1925年12月，鲁迅在译介日本作家厨川白村的文艺论集《出了象牙之塔》时，也表达过相类似的观点。

所以当我们讲到散文是个人化的产物的时候，我们可以回忆高中教过的散文，最明显的就是《荷塘月色》、《故都的秋》。《故都的秋》我们很多老师都喜欢教"秋味"，是"清、静、悲凉"，但是我们在讲"清、静、悲凉"的时候，有没有意识到，这"清、静、悲凉"实际上是作者郁达夫对"故都的秋"的体会。比如说同样对秋的体会，还有林语堂的《秋天的况味》，你想想他眼中的秋和郁达夫笔下的秋一样吗？完全不一样。我们在看郁达夫对秋的感受的时候，一定要看作者感受到的是什么，他为什么会有这样的感受，他用什么样的方式去感受。这才是我们在做散文教学设计的一个起点所在。

1935年，郁达夫在《〈中国新文学大系·散文二集〉导言》中指出，"现代的散文最大特征，是每一个作家的每一篇散文里所表现的个性，比从前的任何散文都来得强"；"现代散文的第二个特征，是在它的范围的扩大（宇宙万有，无一不可以取来作题材）"；"现代散文的第三个特征，是人性、社会性以及与大自然的调和"；"最后要说到近来才浓厚起来的那种散文上的幽默味了,这当然也是现代散文的特征之一,而且又是极重要的一点"。这些都是在散文研究中被广泛引用的散文的特征。

总之,关于散文的文体特征,引用率最高的,一个是周作人的《美文》,另一个是郁达夫的《〈中国新文学大系·散文二集〉导言》。郁达夫所说的现代散文的四个特性中,第一个特性还是强调个人,这是我们今天讲座的核心词;第二个特性是范围的扩大,什么都可以写;第三个特性强调人性、社会性以及与大自然的调和;最后的一点是幽默,他认为也是现代散文的特征之一。

另外,葛琴的《略谈散文》(载于1942年《文学批评》创刊号)也是一篇非常有价值的研究文章。"新文学在中国发展以后,在文学形式中间,通行着一种抒情的小品文,我们叫它做散文。它的含义和英文中间的 prose 以及和韩柳所提倡的散文体,却不完全相同。它大概是抒情诗的内容,而以自由的文体写出来,相类于散文诗(blank verse)而比较它更自由和广泛一些。"这实际上就是"以抒发作者对真实事物情感和思想为主的叙事抒情散文"。"关于散文的界说,却也不曾有人作过,似乎也很难精确地作出。不过我们可以约略地举出它的几个特点来说的:第一,它不同于诗或散文诗的地方,不仅是形式上较为自由广泛,而且在内容上,它不采用虚构的题材。散文往往是作者对于实际生活中间的真实事物、事件、人物以及对四周的环境或自然景色所抒发的感情与思想的记录,是一种比较素静的和小巧的文学形式。第二,正因为它是以抒发思想与感情为主,所以对故事的描述并不重要,这是它不同于速写或报告的地方,后者乃是以描写出故事或环境的轮廓为主的。第三,散文中间偶然也可以发一些议论,但却不是主要的,这是它和杂文区别的地方。一般说来,它是更接近于诗的一种东西,所谓诗的感情,在散文中间是一个重要因素。"在这篇文章中,她还谈到了散文写作的两个"重要条件":"第一个重要条件,是真实的感情";"第二个重要条件,便是朴素,有什么就说什么,不需要雕刻堆砌和虚构,这样才能显示出原来的真实情感"。其实意思还是强调个人的情感因素,强调散文的核心是个人的真实体验。

> 在西方,散文是与韵文相对而言的,包括小说、戏剧、散文诗、论文等,这种"散文"即"prose";另外,还有一种称之为"essay"的"散文",五四时我们曾将它翻译成"小品文"或"随笔",被认为是"散文中的散文",这种"essay",对于我国现代散文的影响是直接的、深刻的、巨大的。

【要点评议】

　　这里主要介绍现代文学史上对"散文"概念和散文文体的认识，揭示出20世纪以来散文作为一种文体，其核心特点是抒发作者个人的真实体验。新近有专家指出，我国的"散文"概念经历了词体、语体、文体三个发展阶段。词体散文关涉的主要对象是词语，"散文"的"文"意指字词；语体散文关涉的主要对象是文章的语言和语句的面貌，"散文"的"文"意指语句；文体散文关涉的主要对象是作品的篇章构成，"散文"的"文"落脚于篇章。直到20世纪初期《中国新文学大系》编辑出版之后，与诗歌、小说、戏剧并称的文体散文概念才最终定型。语体"散文"与文体"散文"并不是一回事，语体不等于文体，但语体与文体之间也有相当紧密的联系（见罗书华《"散文"概念源流论：从词体、语体到文体》，《文学遗产》2012年第6期）。文体指的是文学体式，是由具有相近形貌特征与精神内质的篇章构成的具有独特性和区别性的作品类型体，它的基本指称对象与单位是篇章。语体指的是语言体式，是由相近形貌特征的语句构成的具有鲜明特征的语言集合体，它的基本指称对象与单位是语句。可以大胆预测，这一研究结论将为今后的散文研究提供一种新颖而独特的视角。

## （二）当下散文理论的研究

### 1."形散神不散"的再认识

　　接下来我们谈谈当下散文理论的研究。关于散文，大家最熟悉的一句话是什么？"形散神不散"，对不对？这句话在我读中学的时候，老师就在讲，我在教中学的时候自己也讲过，好像大家都很习惯这样讲。一般来讲，"形散"是指什么呢？比如说取材广泛、手法多样，还有什么？

　　学员（以下简称"学"）：文章的写作思路不是那么明显。

　　郑桂华（以下简称"郑"）：是指散文的写作思路比较含蓄、隐讳，是不是？也就是它呈现的风格是比较多样化的，比如语言的特点、写作的风格等等。这句话我们很喜欢讲，初中讲这句话，高中还是讲这句话，但是有没有问题呢？比如，《白杨礼赞》是初中教材的一篇课文，作者茅盾是准备去振兴教育的，那时候带着革命的理想豪情往新疆去。这篇散文层层推进，先写树，再写农民，然后以白杨树作为象征体，该转折的时候

【观察者点评】你是怎样理解"形散神不散"的？

转折,该展开的时候详细展开。还记得写白杨树那几段吧?"那是一种力争上游的树……",这样的文章是不是很散呢?我说一点都不散。《荷塘月色》散吗?我们可以讨论一下,你来说。

学:看自己的理解吧,如果觉得它读起来很散就是散文。作者描写得很有条理,他走了一个圈,也不散,所以我觉得个人有个人的看法吧。

郑:没错,你来说说看。

学:我觉得不算散,因为他的条理非常得明晰。

郑:作者的游踪,他游荷塘的线路是很清晰的,另外他情感的变化也是很清晰的。那么这个"散"从何谈起呢?我们一定要区分普通读者的自然阅读和作为语文教师的专业阅读。我们看《荷塘月色》,写得真是很好。我特别喜欢那句:"微风过处,送来缕缕清香,仿佛远处高楼上渺茫的歌声似的。"这个句子太好了,这样的句子哪怕只有一两句,想象一下,感受一下也挺好。但是教学还是不一样,写的过程很清楚,从家到荷塘,最后回到家,而作者的情绪变化也由颇不宁静,到宁静,到最后回到现实中至少还是有一些无奈。去年我写过一篇文章《理解〈荷塘月色〉的两处关键》,我觉得最重要的两处关键是第二段的最后一句话和最后一段,第二段最后一句话是"今晚却很好,虽然月光也还是淡淡的",还有一处就是"这样想着,猛一抬头,不觉已是自己的门前",我觉得这两处是很关键的,是理解《荷塘月色》的情绪变化的关键。

《白杨礼赞》、《荷塘月色》还有《故都的秋》,这些散文都是不散的,用"形散神不散"来讲散文最多只能讲一部分散文的特点,不能涵盖所有的散文。**如果我们讲散文的本质特点就是"形散神不散"这样一个判断命题,是不对的。**所以我们要对"形散神不散"有一个重新的认识。

【观察者点评】你同意吗?

【要点评议】

"形散神不散"自20世纪60年代至今,一直是散文创作、研究和教学的当红命题。"形散神不散"说在发展过程中,功能被无限放大,被奉为一切散文的普遍特征和基本特质,并泛滥至被用于评判古今中外的各种散文。在语文教学界,"形散神不散"一直是教师散文解读和教学的核心知识。现在看来,它对中小学散文教学的误导是严重的,而且其遗患恐怕还将持续较长的一段时间。①

2. 散文的中间

接下来要讨论的是我在对散文的研究中觉得很重要的一个问题,不是说这是我的发现,因为这个说法不是我提出来的,我只是提出一个问题,即认为散文是介于小说和诗歌之间的一种过渡性的文体,换句话说,散文有一个特点是中间性。

【观察者点评】你如何理解散文的"中间性"?

我们以《藤野先生》、《荷塘月色》为例,来讨论散文的中间性。

《藤野先生》大家应该熟悉吧,作为叙述者的鲁迅是采取什么样的视角来叙事的?文章开始时,鲁迅采用了一个旁观者的叙述视角,不仅谈到清朝留学生的速成班,还讲了明朝移民,还讲到物以稀为贵,他整个人都是旁观者。当写到自己和藤野先生的交往时,鲁迅就采用了第一人称回顾性的叙述视角。叙事艺术是小说的标志,可以看出,像《藤野先生》这样的叙事散文往往借鉴小说的创作手法。这样的例子还有很多。

> 参见陈日亮. 如是我读:语文教学文本解读个案[M]. 上海:华东师范大学出版社,2011:4.

再来看《荷塘月色》。朱自清一个人的"荷塘月色",也就是那晚的、独处的朱自清的"荷塘月色",何以见得?陈日亮老师特别强调"以文解文",强调不要以外面太多的东西来解读某篇散文,不必到文本外面去"搬救兵",也就是说我们首先要用自己的眼光来解读《荷塘月色》,而不要总是考虑1927年的朱自清怎么样,当时的社会背景怎么样,中国革命怎么样等。也就是我们自己真实地读文章,带领学生真实地读文章,在文本里潜心求索,这是阅读散文的关键。《荷塘月

---

① 具体参见本章附录《"形散神不散"的内涵演变及对语文教学的负面影响》一文。

色》里有没有能证明这是"今夜的、独处的"朱自清的"荷塘月色"？大家可以讨论一下。

（学员5分钟讨论）

好，回到刚刚的问题上，《荷塘月色》以文解文，什么地方能看出文中所写的确实是那晚的、独处的朱自清的"荷塘月色"？

学：在第一段里面有一个"我悄悄地关上门"。

郑：人家问了一句话，哪里看得出是一个人的特征？

学："我"，"我"一个人，妻子和孩子。

郑：这个是独处是吧？

学：第二个就是"我爱热闹，也爱独处"。他在这段还强调了这是一个自由的世界，他强调了自己营造的心灵的世界，所以这也是属于他一个人的。最后他猛然抬头，一个人回到家了，也是"我"。还有一个地方就是，"热闹是他们的，我什么也没有"，跟别人隔开了，就自己一个人的世界。

郑：还有补充吗？

学："悄悄地"，表明肯定是一个人。第二段的小路也是说一个人。后面包括描述荷塘的，一些细节的、宁静的东西也可能是一个人的。

郑：挺好的。

学：《荷塘月色》描写的荷塘是月色下的荷塘，月色是荷塘上的月色，我想其实这时候周围是非常热闹的，但是朱自清只看到这两种景物，我觉得这时候他就是独处的，更多的是一种心境上的独处。

郑：大家现在证明了当时的朱自清是处于独处的状态。接下来还是希望大家从直接的文字中感受出那不是平时的荷塘，而只是这一刻的荷塘，是有着作者个人化的、独特情感体验的荷塘。或者说，这是那晚的、独处的朱自清看到的荷塘，只有那个时候他才能看到，换一个时间也许他还是独处，但是他可能就看不到了。什么叫个人化的、独特的体验，大家体会到没有？来证明一下。

学：因为当晚的心情颇不宁静，所以他才要出去看荷塘月色，如果心情很宁静的话，可能就睡觉了，不需要看这样美丽的荷塘月色了。他看到了月光是淡淡的，心也是淡淡的，说明他已经有一种很宁静的心绪，出去以后感觉很宁静，在他平时的时候可能会觉得月光是很浓烈、很皎洁的，不会像今天感觉这样的朦胧。也是因为当天晚上这种与众不同的心绪，他才会想到《采莲曲》，才能想到那些与荷塘有关的东西，或许平常的时候他只是看景，但不会由看景而想到文中描写的其他一些东西。

郑：这些都是推测。文章里其实有几句话，"于是想起这日日走过的荷塘在这满月的光里应该另有一番景象"、"好像超出了平常的自己"，还有小路的描述，"曲折的小煤屑路，平时是蓊蓊郁郁的，有些怕人。今晚却很好，虽然月光也还是淡淡的"。在这之前他没有写小路很好，但今晚却很好，小路还是平常的小路，所以你的推测是对的。通过这样的讨论，我想要大家明白，《荷塘月色》确实抒发的是那一夜独处时的朱自清的个性化情思。

我有一次在广东听课，一位老师上《荷塘月色》，其中有一个教学环节，我真的很惊讶，他把描写荷塘月色的两段文字，全部用诗行的形式排列。这个形式确实和内容的相关性很高，我当时就感觉到有一种诗的意境，后来我想那是因为这篇散文的语言有很多诗性的表达，本身就有一种诗的意境、诗的韵味，没有诗的韵味是不能用诗行的形式排列的，所以说《荷塘月色》具有诗歌的特点。

在上海高中的教材中，《荷塘月色》编入高三的第一个单元，单元主题是"文学作品中的意境"，单元学习目标就是"意境"。第一篇课文是《雨巷》，第二篇课文就是《荷塘月色》，第三篇是《荷花淀》。想一想，最擅长营造意境的是哪种文体呢？当然是诗歌。把《荷塘月色》放在"意境"这个单元，也是因为这篇散文具有意境美的文体特征。当然好的文学作品有很多共性的东西，但是在意境的营造上并不是所有的文学体裁都刻意追求。小说追求意境的比较少，比如说《荷花淀》，因为它是一篇诗性小说，还有铁凝的《哦，香雪》。但是散文追求意境的作品相对就多一些，因为散文往往具有诗的特点。

我们举了《藤野先生》的例子，谈到了小说叙事的艺术；又举了《荷塘月色》，它与诗歌的联系更紧密一些。所以说，散文的一端连接着小说，另一端连接着诗歌，是处于诗歌和小说之间的一种过渡性文体，它反映的往往是一定生活中的某些时空、情绪或思考的片段过程，这就是我要说的散文的中间性（这个问题我在后面的讲座中还会展开）。当然，必须强调，散文的本质特征是抒发作者个性化的情思，这是我们在前面反复强调的。如果体会到此，我们对散文的理解就入门了。

### 二、散文教学内容的开发

上面我们辨析了散文这一文学样式的本质特征，接下来，我们探讨散文教学内容的开发，这一问题至关重要而且尤为迫切，因为这是保障散文阅读教学有效实施的基础。

**散文阅读教学的现状非常不理想，令人担忧。** 我的一个学生参加一次赛课，讲的是《故都的秋》。我说你怎么上的？他说一上来，速读文章，找到关键句。接下来为几幅秋景图

【观察者点评】
在日常教学中感到〔散〕文难教吗？为什么〔难〕教？

命名,最后学习对比的手法,结束用了一些古诗文来拓展。我告诉他,你这个课上得太差了,他很是不服气。然后我就问他,你学《故都的秋》真的是从速读开始吗?我说你实在地告诉我,你读《故都的秋》一上来就找中心句吗?这最起码的阅读方式就错了,但凡有点常识的人都会觉得这个课有问题。还有一个环节是出示一幅"北国的秋天"的照片,看过这样的课吧,先来几张 PPT,叫设置情景,或创设情境导入新课。这种教法也很值得我们警惕,这个照片和郁达夫的《故都的秋》有多少联系?你可能让学生情绪热了起来,但是和接下来的学习能不能关联起来?这种热也就是很短暂的,你一定要和下面的活动关联起来,才能起到应有的作用。

我曾经听一篇散文的教学,连听了 8 节课,所有的课的教学结构都是一模一样的,初读整体感知,然后找一处你喜欢的句子,说说你为什么喜欢它,或者是你觉得好的句子好在哪里,是不是这样的?然后进入推敲,最后扩展一下。这是目前散文教学的一个困惑所在,也就是说,我们没有教出"这一篇"来,其独到之处是什么?我们没有或较少关注。散文就是这样,并没有其他什么很复杂的东西。

**(一) 散文教学内容难以确定的原因**

散文教学内容的确定非常困难,原因我们可以从两方面看:一是从教材上看,二是从教学上看。课标我们今天不讨论了,但是大家一定要认真看,因为课标中专门有散文和小说选修模块,对散文和小说有一些专门的要求,必修系列也有一些要求。

**【要点评议】**

散文教学内容难以确定,"语文课程标准"应该承担首要责任。国家的语文课程标准,本应该合理地规划与明确地规定,语文作为一门国家课程在不同的学段应该"教什么"、"学什么"。问题是,目前的语文课程标准,包括最新出台的《义务教育语文课程标准》(2011 年版),总体上看,属于"能力标准"或者叫"素养标准",缺失"内容标准",它仅指示学生在某个学段中应该具有的语文素养或语文能力,但对"如何具有",即要使学生具有这样的语文素养或语文能力,应该"教什么"、"学什么",却没有清晰的表达。"内容标准"的缺失,就使得一线的语文教师在具体的教学现场缺少参照与指引,这是造成"语文教学内容"随意性在课程层面上的主要原因。课标中虽然有专门的"散文和小说"选修模块,对散文和小说专门有一些要求,必修系列也有一些要求,

> 但是对散文应该"教什么"、"学什么",依然没有清晰的规定,而把散文教学内容开发设计的任务一股脑地抛给教材编者和一线教师,这就给一线教师带来极大的工作难度。课标的问题,是一个复杂的系统工程,不是短时间就能够解决的,也不是仅凭一线教师队伍的努力就能解决的,需要国家整合各方面的力量协同攻关。改革就是各负其责、合作创新,一线教师的责任是把一篇篇课文备好,把一节节语文课上好,作点滴积累,方能为散文教学的改善真正作出贡献。

### 1. 教材的原因

在不同版本语文教材的选文中,散文占的篇目比例毫无疑问是最多的。同样,语文考卷里的阅读材料,散文也少有缺席的时候(这种现象甚至引起了"语文学习怎么成了散文学习"的质疑)。与散文在语文教材中的突出地位相比,目前我们对散文阅读教学规律的研究却很有限,既缺乏关于散文这种文类的核心知识,也缺少大家都认可的教学模式。因此,大多数教师往往只能采取摸着石头过河的办法,跟着感觉走。有些教师甚至在多次执教某篇课文后,对"这一篇"应该教什么依旧茫然,不知道自己设计的教学内容是否正确得当。老师们普遍喜欢那些篇幅短小、主旨明确、结构简单、文风鲜明的散文,如朱自清的《春》、冰心的《笑》、莫怀戚的《散步》等。因为这样的散文文体特征鲜明一些,确定教学内容比较容易,教师一看就知道课文写了什么、特点怎样、该怎样教学。但是对那些篇幅较长、感情线索和语言现象都比较复杂的散文,老师们往往觉得无能为力。难教的散文概括起来大概有这样三类:一是含义隐晦深邃的,如鲁迅的散文;二是文史知识丰富的,如近年来流行的大文化散文;三是意象迭出、思路灵动的,如余光中的《听听那冷雨》。

### 2. 教学的原因

中国大陆通行的散文阅读教学设计,一般对课文采取两种处理方法:一是整体感悟、全面涉及,即以"感悟作品主旨,梳理文章结构,品味语言风格"这样的思路来设计教学活动。二是特点鉴赏,即按照所谓散文的知识——如"形散神不散"、"情景交融"以及语言风格等对文章进行理解与鉴赏。但是,这两种处理方式都存在问题。对于整体把握的教学思路,必须能回答这样的追问:一篇文章的主旨、思路、语言风格是否一定要全部讲到？如果每一篇散文都做这样的设计，都是这样教、这样学，那么"这一篇"与"那一篇"的区别在哪里？"这一篇"散文的教学价值在哪里？这样一问，大多数时候我们心里其实并不很踏实。下面我们以《听听那冷雨》为例来讨论这一问题。

【观察者点评】想一想，这是什么意思呢？

《听听那冷雨》是一篇有相当浓度、密度和弹性的散文，我们该确定什么样的教学内容？这个教学内容如何确定，由谁来确定？理论上，这个问题本来应该由课程的编制者负责，并通过教科书把教学内容中的核心价值和教学切入点等都呈现出来。一些教材在教学内容的呈现上也进行了探索，江苏教育出版社高中语文教材（必修二）第四单元"慢慢走，欣赏啊"中，将《荷塘月色》与《听听那冷雨（节选）》组合为一个学习内容，这两篇课文之后的"活动体验"有四道题目，其中有两题与《听听那冷雨（节选）》有关：

"朗读《听听那冷雨（节选）》，说说文中描写'嗅雨'、'观雨'的内容有什么作用，作者是怎样根据时空的变化来写'听雨'的？"

散文教学内容为什么难以确定？请提炼出几个要点：

"意境是作家主观思想情感和客观景物环境交融互渗而形成的艺术境界，有着描述如画、意蕴丰富的特点。阅读《荷塘月色》、《听听那冷雨（节选）》，涵咏品味，求同探异，鉴赏作品情景交融的意境美，并和同学交流感受。"

在该套教材编写者看来，教学《听听那冷雨（节选）》一文，需要鉴赏作品的意境。我们姑且不论确定这样的教学内容是否合理、是否得当，其做法还是值得肯定的，至少教材的编写者们为教师教学这篇散文提供了一个教学点。但是迄今为止，我国大陆中小学语文知识的开发与体系认定，从整体上说仍然进展不大。面对大多数散文，大多数教材都把确定合宜的教学内容这个难题留给了语文教师。

参见陈平原.中国散文论坛[M].北京:北京大学出版社,2003:67.

在散文教学设计上的这种不踏实感，表面上看似乎是教师对文章的解读不够透彻，设计技巧与教学方法不够妥当，其根本还是我们对课程与教材的教学价值的开发不理想，即对散文是什么、这篇散文应该"教什么"缺乏比较清楚的认识。"我们对散文没有共识，甚至我们都不知道散文是什么。"不知道散文是什么，必然无法判断一篇散文的教学价值在什么地方,当然也就不知道这篇散文怎么教了。因此,散文阅读教学内容的开发,既是根本的也是基础性工作,应该从基础路径做起。

### (二) 确定散文教学内容的路径

确定一篇散文的教学内容,应该有合宜的路径。具体说来,需要完成四个步骤:第一步,认识散文的特征,明了散文的谱系;第二步,知晓某位散文作家在整个散文谱系上的位置及其个人的风格;第三步,分析"这一篇"散文作为课文的独特价值,确定其教学内容;第四步,教师选择自己在这次教学活动中所侧重的教学内容。四步走通,然后才可据此设计教这篇课文的教学内容和教学实施过程。四个步骤可以分别简称为"辨体"、"识人"、"断文"和"定点"。

> 揭示一种文体的本质特征,应该从其内在机理出发,散文的特质是什么?有如下观点可以参考:五四时期的"美文说"(周作人)、"性灵说"(林语堂),新时期的"真情实感说"(林非)、"文化说"(楼肇明)、"内向性说"(刘锡庆)和"诗性本体说"(陈剑晖)等,这些有影响的散文本质论,都是从内在机理出发的。

1. 先说辨体。辨体就是熟悉散文的整体知识,确定该篇散文的大体属性。

散文阅读教学之难,就在于散文这种文体从整体上说缺乏区别于其他文体的本质规定性。在散文大家族内部,由于亚种类繁多、差异性巨大,使得人们煞费苦心地对散文特征进行的种种概括描述,都显得漏洞百出,这是导致散文教学设计缺乏制约性的先天缺陷。

一种文体之所以能成立,应该在于该种文体具有区别于他种文体的独特的规定性。我们知道,诗歌的规定性特征是内在的抒情性和外在韵律的结合;小说的本质规定性是客观描述虚构的故事;戏剧(剧本)的规定性是以人物扮演的方式(对话)来模拟生活。散文的本质特征是什么呢?以前人们对散文有一个约定俗成的说法,叫作"取材广泛,笔调灵活"、"形散神不散",这种以部分散文的外部结构特征来概括其内在本质的方式实属无奈,这一点我们在前面已经谈到。其实,许多经典散文的"形"并不见散,也没有谁规定诗歌、小说在取材、笔调上有什么限制。有观点认为散文的本质是"诗性的","没有哪一种文体像散文这样最直率、最不加掩饰地体现着作者的喜怒哀乐,他的生命意义的定向、生命意义的追问、生命意义的创造",这显然是只看到了散文抒情性的一端,其实,诗歌比散文更善于表现情绪、情感。还有观点认为,"散文的没有优势正是它的优势,这种优势就是自然";这也是一种取消散文文体规定性的含糊说法。对散文文体的种种认识,都是沿用传统的思维方式,即孤立地看待各种文体,没有注意到不同文体之间的内在联系。

古人的"散文"概念是"与韵文相对而言的,凡是不押韵或不重视骈偶的文章都可以说是散文"。有了现代文体观以后,在很长的一段时期,人们把散文作为与诗歌、小说、戏剧并列的一种独立的文体。这两种散文定义虽均不甚精当,但是却给我们提供了一个逼近散文本质、理解散文内涵的思路,即散文确实可能没有独立的、截然区分于诗歌、小说的自足内涵,散文的本质规定性及特征是在与其他文体的对比中得以显现的。具体说来,就是前面谈到的"中间性",即散文是介于小说与诗歌之间的一类过渡文体,它抒情的一端与诗歌紧密相连,其代表形式是散文诗,如鲁迅的《野草》;另一端与专事叙事的小说紧密相连,其代表形式是第一人称叙述的见闻类小说,如沈从文的《湘行散记》。

套用历史唯物主义的观点,艺术是生活的反映,所有艺术形式都是主观对客观世界的摹写,只是不同艺术形式所用的表现材料不同而已。由此,我们得出考量艺术品特性的三个维度:第一个维度是艺术品中的时空与生活时空的关系,第二个维度是摹写者的主观印迹对客观世界影响的大小,第三个维度是用什么材料来再现或表现。从三个维度来区分,大体可以将艺术品分为"表现的艺术"与"再现的艺术"两大类。

**亨利·詹姆斯认为,"小说可以存在的唯一理由,就是它确实在企图再现人生"。**再现意味着维持时空的连续性和一致性。从文学作品与生活时空的关系来看,典型的小说往往须展示一段相对完整的生活时空——故事。"小说表现的人生不是零碎杂乱的,是人生的一部分,片段却能代表人生的全体。因为有结构和因果关系,所以 Hamilton 说'小说是蒸馏的人生',又说,'小说的目的是包含一种人生真理在想象事实的系统之中'","至于小品散文,和这却正相反,它不需要结构,也无所谓因果关系,只是不经意地抒写着经验感受的一切。它所表现的正是零星杂碎的片段的人生"。诗歌中往往只有片刻的情绪波动状态,而较少时间、空间要素的变化。散文是处于诗歌和小说之间的过渡性文体,它反映的往往是一定生活中的某些时空、情绪或思考的片段过程。

> **参见亨利·詹姆斯.小说的艺术.引自伍蠡甫等.西方文论选(下卷)[M].上海:上海译文出版社,1979:511.**

散文的这种中间性,被不同时代的散文作家和研究者认识到。现代作家汪静之在《诗歌原理》中就指出,"诗歌感情想象的成分比较多一点,散文文学思想事实的成分比较多一点。诗歌比较注重情调,散文比较注重描写"。李广田认为:"小说宜作客观的描写,即使是第一人称的小说,那写法也还是比较客观的;散文则宜作主观的抒写,即使是写客观的事物,也每带主观的看法。"但散文的抒情不像多数诗歌那么"夸张",而是"老实朴素"。因此,散文的抒情常表现为"有节制的抒情",散文的写景常演化为"意境",可能就是这个道理。从第三个考量维度,即用什么材料来再现或表现上看,诗歌、散文和小说都以语言为材料,但由于体裁篇幅、表达目的等因素的不同,三种文体在语言运用上各有一定的侧重。一般来说,诗歌语言的着力点在词语——推敲词语,散文语言的着力点在句子——锤炼句子,小说的着力点更多在谋篇——结构全篇。诗歌、散文、小说三种文体的关系,可以用下表简单、直观地加以表示:

| 文体 | 诗歌 | 散文 | 小说 |
| --- | --- | --- | --- |
| 时空关系 | 非叙事性 | 叙述片断过程 | 叙事性 |
| 表现方式 | 主观表现 | 主客观融合 | 客观再现 |
| 表现材料 | 谋词 | 谋句 | 谋篇 |
| 特点 | 以点状之象抒情 | 以片段之景、事表意 | 以完整故事观照社会 |
| 核心概念 | 意象 | 意境 | 人物、情节 |
| 代表作品 | 《雨巷》、《再别康桥》 | 《荷塘月色》、《背影》 | 《项链》、《阿Q正传》 |

从上表的对比项可以看出,散文可以被认为是介于诗歌与小说之间的一种过渡文体,诗歌、散文和小说三者之间应该是渐变的关系,并没有截然的界限。典型的散文作为一种独立的文体区别于其他两类文体的本质特征,就是上表所显示的中间状态,即主观地记录作者所经历或体验的某些生活片段过程。季羡林先生也认为,"一般讲到散文的应用,不外抒情与叙事两端。抒情接近诗歌,而叙事则临近小说。散文于是就成了动物中的蝙蝠,亦鸟亦兽,非鸟非兽"。

以往依照记叙内容的差异,人们习惯上将散文分为抒情散文、叙事散文以及哲理散文三类,这大体能概括散文创作的事实,也基本符合"散文是记述片段过程"的定义。叙事散文不是像小说那样记叙事件的完整过程,而是记录作者在过去某一段时间空间里见闻的过程,即"我"的经历;抒情散文也不是像诗歌那样抒发情绪本身,而是描述作者感情变化的过程;哲理散文不会像议论文那样重在以严密的逻辑论证自己的观点、结论以理服人,而重在展示个人在某个问题上的独到的感悟和思考过程。

如果教师对散文的知识体系有比较清醒的认识,对各类散文的谱系有一个整体把握的话,他也就等于掌握了一套评判散文的标准——"散文价值观"。在教学设计前,他可以用自己的标准去解读散文,看看这是一篇记叙什么过程的散文,是作者的见闻过程、情绪变化过程,还是感悟思考过程;该文再现了什么景观、人事,表现了哪些情趣理念;该文在主客观关系的处理——意与境的关系、句子的营造上有什么独特之处。那么,该文的特点就能一目了然。看上去,这种对散文价值点的发现虽然与前面所提到的"感悟作者情绪"、"梳理作品结构"、"品味语言风格"大同小异,但后者是我们在了解了散文的知识基础上的自觉定位,其选择就是有理据的。

【观察者点评】你是怎样理解"风格"的?

2. 次说识人。识人就是弄清该作家的创作在整个散文谱系中居于什么位置。

仅仅有了评判散文的"价值观",还不能解决所有的散文价值评判千篇一律的问题,还必须将这套标准与具体的某一个作家的创作结合起来,即 <u>判断某一个作家散文的风格特点</u>。

【反思】

"风格即人"这一理论观点特别契合散文,你知道下列作家的散文风格吗?他们的作品都入选了中小学语文教材,有的还成为传统名篇。

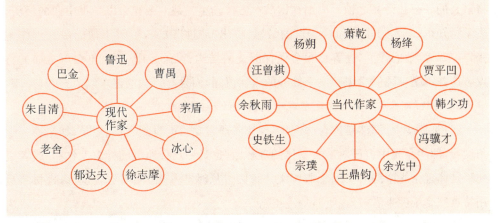

我们还是以《听听那冷雨》为例,余光中是一位风格独特的散文家,他对散文创作有自己的理论主张。作为诗人兼散文作家,他的创作实践和成就都是"先诗后文"、"重诗轻文",用他自己的话说就是"右手为诗,左手为文"。在很长的一段时间里,余光中都把写散文看成副业,在他对散文特性的评价标准中,散文无疑略微偏向于主观表达一端。他评价散文优劣的一个重要依据,是散文是否具有"诗性"。在第一维度即时空关系描写上,余光中散文中较少有对时空的连续性描写,而是追求多方向自由联想、奇特意象的叠加、电影蒙太奇剪接和快速闪动的节奏等。在第二维度即"再现还是表现"上,余光中更偏于主观抒情,他的散文不仅通章不掩饰自己的感情倾向,便是在一个段落、一个句子中,甚至一般的景物描写,都饱含感情。比如他写一朵莲花的枯萎,"那天,苍茫告退、嘉祥滋生,水中的倒影是水上的华美和冷隽",这与鲁迅散文的冷峻,周作人、梁实秋小品文的淡定以及西方随笔的客观都不太一样,前者感情四逸,而后者总是与生活保持着一定的距离。在第三维度上,余光中十分重视对句子的经营,他心目中的散文是"讲究弹性、密度和质感的一种新散文"。所谓"弹性",是将不同文体的结构方式、句式特点、语气语态融入散文,以增加散文的变化;所谓"密度",是指在相对的篇幅中要尽可能多地营造美的意象,做到"步步莲花,字字珠玉",有美不胜收之感;所谓"质感",是指构成全篇散文的字词应有质地、可触摸,新颖独特,不要平庸无味。

参见余光中.剪掉散文的鞭子.余光中散文选集(第1辑)[M].长春:时代文艺出版社,1997:328.

余光中评价散文的三个角度,与散文的三个维度有许多不谋而合之处,只不过,他将散文的砝码在诗文之轴上悄悄往诗歌一方拨动了一截。余光中以学贯中西的经历、多学科知识、诗人的才气和对语言的敏感,提出"诗性"散文,了解了他的散文创作主张,再来品读他的作品,就容易领会他在散文的结构、意象运用、语言推敲等方面的特点。这并不是单纯的学识和文字修养的自然流露,而是有目的的追求。

3. 再说"断文"。断文就是发现一篇散文的具体特点。

《听听那冷雨》固然是饱含深情、体现作者语言功力的自然之作,但是,如果换一个角度看,即用余光中自己对散文文体的理解,它也是一篇很典型的标志性作品,或者说几乎是体现余光中的散文理念的范文。我们也从时空关系、再现与表现、语言材料运用特点三个维度来看一看《听听那冷雨》。

从大的类别上看,《听听那冷雨》属于抒情散文,典型的抒情散文一般不以描述空间转换、事件发展、人物成长的过程为要务,而是反映作者自我情绪、情感的变化过程。但是,情绪过程也有一定的逻辑关系,比如杨朔的《荔枝蜜》,就是由"厌恶蜜蜂"、"理解蜜蜂"到"赞美蜜蜂"三个片段组成的,逻辑关系十分明显。但是,《听听那冷雨》的情绪线索似乎并不明显,各段落之间也不是一些传统散文那种层层递进、最后点题的结构模式。这让那些习惯了"梳理作者思路,归纳文章主题"做法的教师颇感困惑。而对这个问题,如果用三个维度的衡量标准来解释,可能就容易理解了。

如前所说,在从诗歌到小说的连续谱系中,按照余光中对散文的理解,散文应接近诗歌一端,即他自己提倡的"诗性"散文。《听听那冷雨》明显体现了诗歌的思维特点,即重在表现作者的主观感受、情绪、意识、思考变化,而不在描摹客观世界的自然状态;以不连续的点状的景物、意象为基本表意单位,而不是以连续的时空过程为表意单位,因而在结构上呈现出很强的跳跃性;以大量陌生化的词语和句式传达主观感受,给人以铺天盖地、应接不暇之感。灵动的思绪、变幻的意象和纷纭的语言现象,为我们的理解习惯带来一定的压力。

那么,我们与其用传统的散文图式去削足适履地套作品,还不如以散文作品的具体特征来丰富散文的理念。《听听那冷雨》不是一般以写景开始,通过描写抒情最终导向单一立意的线性结构的散文,而是以"雨"为话题呈放射状的"自由联想",雅一点的说法,是以"雨"为标题,以"我"的感官为乐器,以广阔的中国地理环境和历史为舞台,以华丽的语言音符演奏出来的一曲感觉、思维和语言的混合交响,它包括以下要素:

- 与雨有关的经历
- 与雨有关的感觉
- 与雨有关的记忆
- 与雨有关的知识
- 与雨有关的联想
- 与雨有关的思考

《听听那冷雨》里当然有思乡情、母子情、爱情、友情,也有对传统远去的担忧,其中思乡情是主旋律,但并不能因此说此文是为了表达思乡之情而作;《听听那冷雨》里有中国历史、诗歌、典故、节庆、风俗,对中国古代传统文化的惊叹是主旋律,但并不能说此文是为了怀念中国传统文化而写。漫篇的情感、意境、文化,是在听雨、看雨、感受雨、描摹雨的过程中自然而然地流露出来的。因此,我们可以更倾向于把《听听那冷雨》看成是以"雨"为题目的思维体操,乡情、文化,都是由看雨、听雨激发出来的,是作者关于雨的想象的一部分。

基于此,该文的教学重点,似乎就不是梳理全文的逻辑思路,不是寻找各个段落、各个层次之间的关系(这样做不仅吃力,而且往往难圆其说),而是以一个以雨为题的

"联想意段"为单位,寻找雨之景——体味雨之意——品评雨之言的关系,即探究"联想源"——"雨"与"联想物"之间的联系通道(作者为什么由雨想到这一点),感受每一个段落的联想方式与作者的身世、情感态度、审美意趣的关系,品味作者在描摹雨上所做的种种语言尝试。在教学中,如果以一个联想段落为典型材料,弄清楚作者的描写与表意模式,就可以算是把握住全文的特点了,而不必逐段逐层解析。

4. 最后,是**教学点**的选择。

> 关键词:教学点,即教学内容的要点,也就是核心的教学内容。

一篇好的文章有许多优点值得学习,比如上文所说的以一个联想意段为单位的典型解析。当然也可以选择其他有教学价值的内容设计教学,诸如丰富的思想内涵、个性的语言表达、广博的文化知识等。教学点的选择原则,一是合题,即合乎作者原文本意,合乎教材编写思路;二是显示教师的学识、个性,能给学生尽量多的启迪帮助;三是趣味,使学生喜欢读这篇课文,喜欢上语文课,喜欢阅读。如果能做到这几点,具体选择哪些知识、采取什么教学活动,似乎就无关紧要了。

对《听听那冷雨》的教学设计,我们大概需要经过以下两个方向相反的思维过程——课文分析过程和教学活动设计过程。

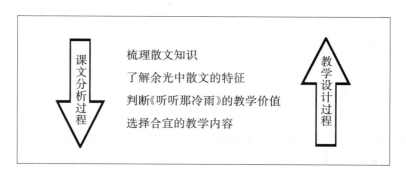

梳理散文知识
了解余光中散文的特征
判断《听听那冷雨》的教学价值
选择合宜的教学内容

如图所示,从整理自己关于散文的知识,到设计恰当的教学内容与教学流程,是一个知识梳理的过程,是将散文的一般知识用于解释个别作品的演绎过程,对教师来说,也可以说是一个"知"的过程。而教学设计刚好与上述过程相反,教师将个别散文现象作为例子,通过教学活动引导学生探究该文的特点,进而了解作者的精神世界、了解散文的一般知识、学会阅读这一类散文的方法。这个过程,是一步步抽象、归纳的过程,也可以说是"行"的过程。这里的"知"和"行"的关系是"知"指导"行","行"体现"知"。在教学设计时,如果教师的眼光只盯在一篇课文(散文)上,对有关的文体知识"知之不多"、"思之不透",他的"行"就可能遇到不正、不顺、不到位的情况。在实践中,常有两个教师选择同样的教学材料,但是达成的教学效果却大相径庭的情况,这里面除了教师的一般水平差异以外,有没有关于文章的知识,有没有这样一个分析过程,也应该算是一个重要的原因。

## 资源链接

1. 王荣生、郑桂华. 语文教材建设新探·试教交流[M]. 上海:上海教育出版社,2008.
2. 沈义贞. 中国当代散文艺术演变史[M]. 杭州:浙江大学出版社,2003.
3. 林贤治. 中国散文五十年[M]. 桂林:漓江出版社,2011.
4. 程金城、徐慧琴. 中国新时期散文研究资料[M]. 济南:山东文艺出版社,2006.
5. 傅德岷. 散文艺术论[M]. 重庆:重庆出版社,2006.

## 后续学习活动

参照讲座中确定散文教学内容的四条路径,完成《听听那冷雨》的教学设计,下面的提示可供参考。

**任务 1:**参照备课思路

辨体:＿＿＿＿＿＿＿＿＿＿＿＿＿＿＿＿＿＿＿＿＿＿＿＿＿＿＿＿＿＿＿＿＿＿

识人:＿＿＿＿＿＿＿＿＿＿＿＿＿＿＿＿＿＿＿＿＿＿＿＿＿＿＿＿＿＿＿＿＿＿

断文:＿＿＿＿＿＿＿＿＿＿＿＿＿＿＿＿＿＿＿＿＿＿＿＿＿＿＿＿＿＿＿＿＿＿

定点:＿＿＿＿＿＿＿＿＿＿＿＿＿＿＿＿＿＿＿＿＿＿＿＿＿＿＿＿＿＿＿＿＿＿

**任务 2:**确定教学目标

1. ＿＿＿＿＿＿＿＿＿＿＿＿＿＿＿＿＿＿＿＿＿＿＿＿＿＿＿＿＿＿＿＿＿＿
2. ＿＿＿＿＿＿＿＿＿＿＿＿＿＿＿＿＿＿＿＿＿＿＿＿＿＿＿＿＿＿＿＿＿＿
3. ＿＿＿＿＿＿＿＿＿＿＿＿＿＿＿＿＿＿＿＿＿＿＿＿＿＿＿＿＿＿＿＿＿＿

**任务 3:**安排教学流程

环节 1:＿＿＿＿＿＿＿＿＿＿＿＿＿＿＿＿＿＿＿＿＿＿＿＿＿＿＿＿＿＿＿＿

环节 2:＿＿＿＿＿＿＿＿＿＿＿＿＿＿＿＿＿＿＿＿＿＿＿＿＿＿＿＿＿＿＿＿

环节 3:＿＿＿＿＿＿＿＿＿＿＿＿＿＿＿＿＿＿＿＿＿＿＿＿＿＿＿＿＿＿＿＿

# 附录一

## "形散神不散"的内涵演变及对语文教学的负面影响

步 进

"形散神不散"自20世纪60年代至今,一直是散文创作、研究和教学的当红命题。但是,何为"形"?何为"神"?何为"形散"?何为"神不散"?"形"和"神"之间是什么关系?"形散"和"神不散"之间有什么关联?"形散神不散"对散文创作带来哪些冲击,对中小学散文教学又有怎样的影响?关于这一流布甚广的散文理论,有许多问题需要深入探讨和研究。

### 一、问题的缘起

"形散神不散"一说最初是肖云儒在1961年提出的,因其内涵比较宽泛,在后来的发展过程中,人们充分发挥汉语一词多义的功能,按照自己的需要把"形散神不散"当作一个"锦囊",纳入自己对散文的认识;换言之,借"形散神不散"的理论外壳,装入自己的理论内涵。所以每个人心中对"形散神不散"的理解皆不尽相同,甚至大不相同,这也许是"形散神不散"说广为流传且根深蒂固的重要原因。"形散神不散"说在发展过程中,功能被无限放大,被奉为一切散文的普遍特征和基本特质,并泛滥着去评判古今中外的各种散文。从20世纪80年代起,散文界开始批判"形散神不散"说,一方面,肯定此说的部分合理性,承认它是散文诸多形态的一种,但不是绝对形态,因而也不是散文的本质特征。另一方面,尖锐地批评历史上"形散神不散"说对散文发展实践的束缚,对作家创作个性的桎梏,对中小学散文教学的长期误导。

### 二、"形散神不散"的内涵演变

先说肖云儒先生的本意,他在那篇著名的短论《形散神不散》一文中说道:"神不'散',中心明确,紧凑集中,不赘述。形'散'是什么意思呢?我以为是指散文的运笔如风,不拘成法,尤贵清谈自然、平易近人而言。"[1]可以看出,肖先生这里说的"神"指的是"主题"或"中心思想";"神不散"指的是主题鲜明集中。"形"是指散文的写法或表达技巧,"形散"主要是说散文的写法自由灵活,没有成法定规。肖先生在文末指出,"散"与不散相互统一,相映成趣的散文,方是形神兼备的佳作。可见,他认为"形散"和"神不散"是辩证统一的关系,"形散神不散"是好散文的标准。综上所述,"形散神不散"的确揭示出散文写法上的一些基本特点,说它是散文的一大特点也未必过分,如果我们抛开对它的误解和偏见,就不至于轻率地否定它,但是说它是散文本质特征甚至唯一特征,就大谬也。

随着散文创作实践和理论的发展,"形散神不散"说因研究者的需要被不断地赋予不同的内涵,人们在"形散神不散"的理论架构中填入多种内容,以至于今天我们理解的"形散神不散"具有了多种解释的可能性。

首先看"神"的涵义。"神"有的指"中心",有的指"线索",有的指"情"和"志",有的指"思想"[2];有的指作品反映出的思想倾向、创作意向和思路趋向[3];还有的认为散文的"神"就是"情趣的统一",本身就具有"不散"的特点[4]。可以看出,后来的诸多研究者都丰富了"神"的容量,将"神"理解为创作主体之"神";换言之,"神"的涵义,大体经历了"主题(主旨、中心思想)——作者情感——作者个性化的情感"这样一种变化过程,这样就比较接近散文的本质了。但是,我们又不得不说,"神不散"是所有文体的共同规律,所以这是一句寡言。

再看"形散",大抵有以下观点:指散文的题材广泛丰富,笔法(即表达方式,如记叙、抒情、议论、描写)自由开放,结构(即章法)灵活多样,语言(即言语修辞)娴熟自如。总之,所谓"形"就是作品寓"神"于其中的实体。[5] 另外,还有更抽象的说法,"神"指内容(写什么),"形"指形式(怎么写),或"神"指思想,"形"指语言。可以说,"形散神不散"在发展中产生了越来越丰富的涵义,有越来越接近散文本质特征的倾向。也可以看出,后来的研究者们还是认同肖云儒对散文特点的这种表述方式的,只不过在"形散神不散"的框架中注入了自己的理解和阐释的内容。总之,"形散"的确是散文体裁的独有

---

[1] 肖云儒. 形散神不散[N]. 人民日报. 1961-05-12.
[2] 方遒. 散文学综论[M]. 合肥:安徽教育出版社,2004:74.
[3] 韩少华. 散文散论[G]. //中国写作研究会华北分会. 写作论[M]. 北京:北京师范大学出版社,1984:102.
[4] 孙绍振. 审美形象的创造——文学创作论[M]. 福州:海峡文艺出版社,2000:531.
[5] 方遒. 散文学综论[M]. 合肥:安徽教育出版社,2004:74.

特点之一，但肯定不是唯一。

### 三、"形散神不散"的批判

为什么从20世纪80年代起一直到现在，"形散神不散"说都不断地遭到质疑和批判？理解这种现象的关键，是要明白人们批判的是它的什么。虽然"形散神不散"的后来的阐释与最初的含义已大不相同，但在当时它一经提出就得到普遍认可，并且广泛地加以运用，以致后来长期被扭曲运用，形成固定的甚至唯一的散文创作套路，因而走向僵化，遗患至今。当然，这与当时政治生活中的"神"化运动有关，与"左"的文艺思想的统治有关。

其一，"神"的重要性被无限扩大，甚至被拔高到君临一切的地位，"神不散"要求作品的主题思想必须明确、集中，而且主题先行成为必然的唯一的选择。对"神"的这种要求实际上将散文鼓吹成为载道载神的工具，必然抹杀作者的真实自我和创作个性。这是"形散神不散"说最遭诟病的致命伤。

其二，肖云儒虽然指出形神的统一关系，但还是有意无意地突出了"神"的重要性。他认为，具有"形散神不散"特点的散文，是作者用自己精神的思想红线，把生活海洋中的贝壳珠粒，串缀成闪光的项链。这里，把"神"比作红线，将"形"喻为贝壳珠粒，很容易误导人们将散文的"神"和"形"割裂开来，把"神"当作是可以和"形"相剥离的独立存在的东西，加之在那个特定时代，"左"的文学思想对"神"的刻意拔高，导致人们对"形"普遍忽视，对形神统一普遍漠视，乃至形成形神二元论。现在我们知道，散文的"形"本身就蕴含着"神"，散文的文本整体呈现了"形"和神这两个组成要素单独所没有的新特征。

其三，倡导一种风格、一套笔墨、一副腔调，对散文创作实践的多样化发展造成严重束缚。最有代表性的就是60年代的"杨朔模式"，表现为主题先行、单线推进、欲扬先抑、卒章显志等的固定套路甚至唯一套路。

### 四、"形散神不散"对散文教学的负面影响

滞后的散文知识必然造成落后的散文教学，语文教师所具有的散文知识中"形散神不散"说难逃首责，它对中小学散文教学的误导是严重的，而且其遗患可能还将持续较长的一段时间。

其一，造成教师对散文的丰富样态和多种体式的忽视，尤其阻碍对一篇具体散文文本个性特征的关注。

当一种理论可以用来解读所有散文作品的时候，实际上就等于说它对任何一篇作

品都不可能有深入的解读。"形散神不散"只能用来说明某一类散文的特点,即那种"用各方面的生活和感情的素材,用写人写事写画面来表现一个意向、一个哲理和一个思想的散文"。① 但是,不能对所有的散文都作这样的要求。比如那种"记一人一事、写一景一物的散文,一般恐不宜以'形散神不散'来要求"。② 当前,散文创作早已告别了某一种模式一统江山的时期,进入了多元共存的时代,用"形散神不散"又怎能涵盖散文的千姿百态呢?

其二,把散文的教学重点落在对"神"的挖掘和理解上。

有相当多的教师在备课的时候,面对一篇散文作品,都会不由自主地思索:这篇散文要反映一个什么主题?想表达一种怎样的中心思想?并且希望能从作品中找到相关的语句,或用一句话明确地回答出来。长期以来,这种模式化的阅读习惯已经深入内心,成为教师对散文特殊的阅读心理结构和稳定的解读取向。所以教师在教散文的时候,也总是将教学重点放在如何讲"神"以及想方设法引导学生体会出这个"神"上。如果阅读一篇作品,不能读出明确的主题思想,对作品的意蕴说不透、理不清,常常也非要"创造"出一个自己理解的"神"(往往还是单一的、确定的)来作为解读结论,课堂上让学生都往自己的这种结论靠拢。比如《藤野先生》的"神"是鲁迅的爱国主义情感,《背影》的"神"是赞美父爱的伟大,等等。"形散神不散"的阅读分析框架往往既简化了作者也愚化了学生,把作品丰富的意蕴简化、窄化、抽象化、概念化为"一言以蔽之"的"中心思想"。

近年来,随着散文界的拨乱反正,语文教学界的情况也有所好转,那种把"神"仅仅理解成主题、主旨或中心思想的现象有所减少,一些教师开始意识到"神"并非单指主题,也可以指作者的情感,"神不散"即散文中有一条情感(抒情、叙事性散文)思想(议论性散文)的线索,或隐或现,或定或变,或深或浅,或强或弱,这种认识就比较接近散文的特点了。但是,目前的散文教学现状还不尽如人意,主要表现为教师较少能自觉地认识到散文的"神"应该是作者独特的个性化的情思。

其三,将对作者思想情感的体认与作品语言的赏析,人为地割裂为两个教学环节。

"形散神不散"的形神二元论取向很容易误导教师割裂作品的内容与形式的统一性。常常见到这样的课:教师先归纳一下作品写了哪些人、事、物、景,再总结一个主

---

① 肖云儒."形散神不散"的当初、当年和现在[J]. 美文,2005(6).
② 曾绍义,肖云儒. 关于"形散神不散"一文的通信[J]. 美文,2005(6).

题,就算完成了教学任务。还经常有这样的课:教师在所谓"整体感知"环节,先抛出一个肤浅化、标签化的主题,然后让学生到文中散乱地去找哪些语段、词句表现了这个主题,并且认为这就是"品味语言"。散文的"形"和"神"须臾不可分离,一定的"形"传达一定的"神",一定的"神"蕴含在一定的"形"之中。好散文的"神",首先抒发的是作者个性化的情思,其次这种情思是通过"形散"传达出来的。因此,散文阅读的要领,是"体味精准的言语表达,体认作者个性化的情思,分享作者在日常生活中感悟的人生经验",如果不能品味出语言所传达的个性化情思,就不可能真正读好散文。

其四,用"形散"去笼统地涵盖所有不能解释或不好解释的问题,作牵强附会的解读。

比如,《藤野先生》起始几段,没有很快"入题"——记叙藤野先生,《从百草园到三味书屋》的结尾,也没有归到所谓"神"上去——对自由快乐的童年生活的怀念以及对封建教育制度戕害童心的批判,许多教师感到大惑不解,于是一言以蔽之——形散神不散!

散文需要突破的理论教条还有很多,"形散神不散"是教条中的教条,至今仍是不动脑筋的人的口头禅,甚至成为不少教师解读和教学散文的法宝和救命稻草,把散文解读简单化,将散文教学模式化(即用一套固定的教学程序去教所有类型的散文),所以尤需突破,我们切不可囫囵地接受再囫囵地介绍给学生,以讹传讹。这里梳理"形散神不散"的当初与现在,辨析"形散神不散"的价值和局限,探讨它对语文教学的影响,目的正在于此。

# 附录二

## 主题学习工作坊

【热身运动】和【后续学习活动】参考答案（部分）

### 一、中小学散文教学的问题及对策

**【热身运动】**

一、判断正误

1. √  2. ×  3. √  4. √

二、A

**【后续学习活动】**

任务2：

一、新闻通讯，演讲辞，科普文章，杂文杂感，学术性散文（实用文章）

二、《记念刘和珍君》、《小狗包弟》、《记梁任公先生的一次演讲》、《荷塘月色》、《故都的秋》、《囚绿记》

### 二、散文阅读教学设计的原理

**【热身运动】**

一、判断正误

1. √  2. ×  3. √  4. √

二、D

三、

| 课文 | 个人化的言说对象 | 独特的情感认知 |
|---|---|---|
| 《幽径悲剧》 | 古藤萝被毁的惨剧 | 发现景色的心境，痛感惨剧的心灵 |

续表

| 课文 | 个人化的言说对象 | 独特的情感认知 |
| --- | --- | --- |
| 《安塞腰鼓》 | 威武雄壮的打腰鼓场景 | 为威武雄壮而奋发激昂的心怀 |
| 《藤野先生》 | 青年时期留学日本的经历<br>治学严谨没有民族偏见的老师 | 青年时期留学日本的一段心路历程<br>对藤野先生的感激敬仰之情 |

【后续学习活动】

任务2：

导入：从"外在的言说对象"，转向文本之内，即作者"个人化的言说对象"。

环节一：从文内的描述对象，转向作者所抒之情，即作者"独特的情感认知"。

环节二：从作者的直接抒发，转向"个性化的言语表达"，体会情感的细腻处。

### 三、散文的特性与教学内容的开发

【热身运动】

一、周作人、郁达夫、葛琴、肖云儒、季羡林

二、B

共同备课
工作坊

# 小学散文教学内容如何确定
## ——《祖父的园子》共同备课的启示

### 教学现状描述

《祖父的园子》是人民教育出版社小学语文教材五年级下册的一篇课文,节选自萧红的长篇小说《呼兰河传》第三章第一节。这篇选文在很多版本的小语教材或课外阅读书目中都有收录,题目有所不同,有的叫《祖父的园子》,有的叫《我和祖父的园子》(苏教版)。各版本教材所节选的内容也稍有不同,但都是写萧红回忆自己在祖父的园子里自由快乐的童年生活,洋溢着童真童趣。

课例综述显示,目前这篇课文的教学目标及主要教学内容有以下几方面:

1. 学会本课7个生字,理解由生字组成的词语。
2. 正确、流利、有感情地朗读课文。
3. 感受作者在园子里充满乐趣、自由自在的生活,体会作者对童年生活的眷恋和对自由生活的向往。
4. 感受祖父对"我"的疼爱,体会浓浓的祖孙情及作者对祖父的怀念。
5. 学习作者独特的表达方式,即留心观察生活,用心感受生活,真实地表达自己的感受。
6. 感受萧红语言新鲜自然、率真稚拙之美。

> **热身活动**

阅读本专题之前,请先完成下列两项热身运动。

一、结合课文《祖父的园子》的阅读,品味下列句子,体会加点词语所表达的意味。

1. 蜜蜂则嗡嗡地飞着,满身绒毛,落到一朵花上,胖乎乎,圆滚滚,就像一个小毛球,停在上面一动不动了。

_____

_____

2. 采一朵倭瓜花,捉一个绿蚂蚱,把蚂蚱腿用线绑上,绑了一会儿,线头上只拴着一条腿,蚂蚱不见了。

_____

_____

3. 玉米愿意长多高就长多高,它若愿意长上天去,也没有人管。

_____

_____

二、思考并尝试回答下面的问题,再进行一次教学设计,然后将设计成果填入下面的教案模板,后面【问题研讨】中的"备课建议"可供参考。

1.《祖父的园子》是长篇小说的节选,但是大多数教案和课堂实录显示,老师们都把这篇课文当作散文来教,你怎么看这个问题?

2. 体会作者萧红的思想感情,是教学的重点,这是老师们的共识;萧红在文中抒发了怎样的思想感情,老师们也比较清楚;但是如何让学生体会到这些感情呢?老师们的做法就有些分歧了。有的老师说,让学生自己去体会,我们不用教什么,让学生自己读就好了,反复地读,他们就能读出这个感情了。这种观点你认同吗?

3. 有的教师把本课教学的重点落在"写作方法"的训练上,你是如何理解本文的写作方法的?

4. 这篇课文在言语表达上有怎样的特点?作者运用了哪些独特的句式传达出特定的情味?哪些精准的词语抒发细腻的感受?哪些修辞方法抒写自己幽微的情思?你打算如何在教学中引导学生去品味语言?

请将备课成果填入下面的模板。

| 教学目标和内容 | 教师的活动 | 学生的活动 |
| --- | --- | --- |
| 目标一 | | |
| 内容一 | | |
| 目标二 | | |
| 内容二 | | |
| 目标三 | | |
| 内容三 | | |

**备课进程**

### 《祖父的园子》共同备课

**场景描述**：下面是上海师范大学承办的2011年"国培计划"全国小学语文骨干教师培训项目中的一次共同备课，参与者包括9位学员，他们是来自全国各地的小学语文骨干教师，大多具有小学高级教师职称；还有来自高校语文课程与教学论专业的2位合作专家——高晶博士（上海师范大学）、陆平博士（南通大学）。

**师1**：我们共同备课，备的就是要教什么，是吗？

**师2**：对。

**师1**：这篇课文我觉得最主要的还是体会作者的那种思想感情，一个关键词就是"自由"，要让学生真正体会到这种感受。《祖父的园子》这个题目，园子是祖父的，但是为什么作者在整篇文章中都是写关于她的一些事迹？活动也是她的，为什么她可以在这个园子里面这么自由地活动？是谁给了她这么自由的权利？我觉得可以讨论一下。

【观察者点评】老师们日常的集体备课，一般包括备教材、备教法、备学生；而这里的共同备课，主要是备教学内容，或者说，从教学内容角度备课。

**师3**：在课文后面的资料里面，作者就写了她在这个园子里获得了自由与快乐，这个园子带给她自由与快乐，所以课文中就有一句话特别让我向往，就是那句"一切都活了，要做什么就做什么，要怎么样就怎么样，都是自由的"。我觉得这句话可以突出她整篇想要表达的一种在园子里面自由快乐的心境。

**师2**：说得很不错。

**师4**：我觉得欣赏一篇作品，首先应该从作家入手，适当地介绍一下作家的相关背景，比如她小时候为什么在这个园子是自由的；其次应该看一下这篇文章的写作方法，作者以童稚的眼光看这个园子，有蜻蜓，有蝴蝶什么的。可以看出来，她的观察是非常细致入微的。

**师5**：我跟他的想法大概是一样的，教学的最终目的是让学生写作，当我第一次拿到这篇课文，我就想最重要的是写园子，那园子肯定是有景色的，有景物的。园子是一个地方，肯定会发生一些事情，如果是我来教学的话，我首先会用一个Flash把第一段和第二段里面的景物，比如说蜜蜂啊、蝴蝶啊在里面飞翔的情景做一段视频，然后再让学生找一下里面的趣事。我大概也会提到一些作者的不幸经历，因为萧红曾被称为是"不幸者中的最不幸者"，那么既然她小时候这么不幸，为什么她写出来的文章却如此快活？学生现在的学习，让他们自己讲肯定是不快乐的，但是如果让他们自己到外面去玩的话，他们肯定是快乐的。我们在上课的时候，可以让学生先自己说说有哪些快乐的事情，我相信学生在这个阶段，肯定是有很多快乐的事，但是他们无法用精美的语言表达出来。通过这篇课文的学习，我要让学生感受到作者逃离封建束缚，在园子中自由自在的快乐，让学生能够借鉴这篇散文的优美的句子来形容一下自己的快乐，通过这样一个教学过程，可以让学生从不会说，到最后能说出来。

**师6**：我拿到这篇文章，第一感觉是很长，其实读下来发现作者主要写了三样东西：一个是园子，一个是祖父，一个是"我"自己的活动。关于园子讲了很多很细的东西，比如说昆虫、植物、阳光，还有祖父忙碌的身影，其中给我印象很深的，就是作者做错了事，比如把谷穗当作野草割掉，祖父的反应是大笑，这是祖父的活动。还有就是"我"，自由自在的，愿意怎么样就怎么样。从学生来看，现在的学生生活在都市，对这种园子没有太多的生活体验，我们可以把学生带到这个文章里面去，促成学生和作者间的共鸣，可以抓住一些关键的句子，比如说哪些地方让他印象很深刻，或是他读到哪些地方会感到喜欢，可以把这些句子画出来，让学生通过读这些句子去体验。还有就是背景，这篇课文中作者是在回忆自己的童年生活的，可以把这个背景给同学们介绍一下。

**师7：** 我也说一说吧，我的想法和前面两位老师很相近，我也认为这篇课文在训练学生的能力方面，主要是侧重写作。这篇课文给我们的第一感觉，不光是自由，还有美，再细细地品味一下，就是让人感觉美好的自由。而我们作为老师，应该是先教会学生如何去描绘这个园子。

**师4：** 现在很多园子都没有了，就连许多农村也没有园子了，所以要给学生们呈现一下文中园子的那种景象，把园子的景象呈现给学生们，告诉他们园子里面有什么，比如蜜蜂、蝴蝶、蜻蜓、蚂蚱等。现在的小朋友基本上不知道蚂蚱是什么东西，所以我们要把它呈现出来。首先是呈现这个图像，然后再让他们有兴趣去读，这样才可以让他们感受到园子中的快乐。

**师2：** 我也是这样想的，比如说文章写到的颜色，我们可以罗列一下，里面的动植物也很多，我们也可以去找一下，其实园子的美就是五光十色的。另外一点，还是要落脚于文章的文体，从文体出发考虑。

**师8：** 首先我谈谈我听了几个主题讲座以后的感受。我以前上大学的时候，经常听语文课程与教学论的老师说，语文的性质是什么？就是人文性和工具性的结合。在此我想结合这篇文章说一下。<u>我觉得昨天下午吴忠豪教授说到语文教什么，就是要从"教课文"转到"教语文"，我就在想，他可能主要是在强调语文的工具性，</u>但是我平时听自己区域的优秀老师的课，包括在网上看视频，觉得他们的课对语文的人文性可能更关注一点。所以我就在想，我们也不能矫枉过正，工具性和人文性两者怎样很好地结合，这个度，不容易把握。结合这篇文章，我觉得《祖父的园子》里面写了很多事物，有动物、植物，当然有的老师也说了色彩，这个体现得比较明显。植物中主要就是活的，很自由很随性的。"我"跟祖父在这个园子里面的活动，有表现"我"跟祖父之间关系的，就是祖父对"我"的那种包容与爱，所以文章体现了"我"童年生活的一种童趣。另外，我觉得这篇里面有写景，有写事，都是体现了一种自然的和谐，还有人际

> 【观察者点评】
> "教语文"，你如何理解？"语文的工具性"，又是什么意思？

关系的和谐,是一幅非常美的图画。这就是这篇文章整体给我的感受。如果说教学内容的确定,我觉得有两个重点,一是体会情感,第二就是刚才几位老师说的,学习语言方法,比如写作方面的方法,但是具体这两方面怎么处理,我觉得我还没有想好。

师9:我觉得这篇文章的文体应该算是散文吧,刚才这位老师说了两个重要方面,一个是感情,一个是写作,我觉得其实像这种文章应该是放在高年段来学的,学生应该也有一些阅读的体验。对于作者的感情,学生通过自己的阅读,应该可以体会到那种童年的快乐和自由,如果还差一点的话,我就会提出几个关键的句子,就像刚才那位老师说的,"一切都活了"那两句,跟学生们再点一下,我觉得感情就理解得差不多了。我的教学重点还是落到写作方面,毕竟作为散文,一个特点就是文笔很优美,像这篇文章之中,就有很多比喻、拟人、排比手法的运用。教学生学会用文章中的写法,用这些修辞手法,来写出一篇类似的文章,或者是短文,这是我觉得比较重要的教学,上课的重点就是写作的方法。

师4:作者的观察是非常细致入微的,而且语言是非常生动活泼的,比如说第一段,"胖乎乎"、"圆滚滚",这种ABB型的词语。教学这篇文章,可以教学生一些写作方法,就是平常注意观察,能提高学生的写作能力。

师9:优美的文笔,具体是指修辞手法。

师2:我们每个人都谈了一下,按照后面几位老师的看法,<u>这篇文章教学的落脚点就是写作方法的训练</u>,而起点就是这篇文章作为叙事散文的特点,刚才一位老师说得很好,他说叙事散文,其一大优点就是文笔非常优美。我们现在就要把它的起点和终点确定下来,既然我们在这里得到了一个大概的轮廓,下面就想一想如何处理感情,如何训练学生的写作能力,因为一堂课上,既然说要训练学生的写作能力,那么肯定要教他们方法,要让他们写出来,我们要想一想应该怎么做。

> 【要点提炼】几位老师都提到"写法"这个概念,但他们的所指是不一样的,有的指词语表达,如"胖乎乎"、"圆滚滚"这种ABB型词语的运用,有的指修辞方法,如比喻、拟人、排比等手法,还有的指写作心理,如平时注意细致地观察生活。

【要点评议】

在没有合作专家干预的情况下,老师们的备课很快就达成共识。总结如下:

一、文本解读

作者萧红回忆自己的童年生活,表达自己在祖父的园子里一种自由快乐的心境,还写出祖父对"我"的包容和爱,体现"我"童年生活的一种童趣。写法上:其一,语言生动活泼。作为散文,一个特点就是文笔很优美,文中有很多比喻、拟人、排比,还有词语的准确运用,比如说第一段中"胖乎乎"、"圆滚滚"这种ABB型词语的运用。其二,作者的观察细致入微。

二、学情分析

对于作者的情感和作品的写作特点,学生理解和把握起来难度不大。学习基础:可能不知道园子是什么样子的,蚂蚱是怎样一种昆虫等,会影响学生的阅读理解。学习困难:学生无法用精美的语言描述自己经历过的快乐的事情。

三、教学目标

1. 体会情感。

2. 训练写作方法。

四、教学流程

第一步,让学生找出文中写到的景、物、趣事,让学生感受作者抒写的童年快乐;第二步,抓住关键的句子,提问学生对哪些地方印象深刻或喜欢哪些语句,让学生通过读这些句子去体会作者的情感;第三步,让学生借鉴模仿这篇散文里的优美句子来形容一下自己的快乐,训练学生的写作能力。教学过程中还要补充萧红的不幸身世。

综上可见,老师们关于《祖父的园子》的备课思路还是相当明晰的,其教学目标、教学内容、教学流程也是一致的、匹配的。上述过程也可折射出日常工作中老师们常规的备课模式。另外,老师们很快就达成共识,说明老师们对惯常的备课方式和思路有一种高度的集体认同,尚未对这种传统备课方式的不足有所察觉,对自己既有的语文学科教学知识也缺少反思的意识。

共同备课工作坊

**合作专家1：(高晶博士，以下简称"专家1")**：我谈一下自己的看法，我好像不大同意将写作方法的训练作为教学内容的最后终点。刚才一位老师的发言引起了我的注意，就是说到语文工具性和人文性的问题，我认为在备课的时候，用什么样的思维方式来进行教学设计很重要。当我们去讨论语文课程与教学的性质的时候，是站在一个很宏观的角度上来讨论，这种宏观的话语方式，并不一定适合我们处理微观的问题。用工具性和人文性这样的话语方式，就是运用一点哲学的思维对语文教学作上位的思考，这是可以的也是必须的。**但是我不同意这样思考问题的结果，比如体会情感可能是体现人文性那个部分，写作方法可能是处理工具性这个部分，这样很简单地去划等号，恐怕是会出大问题的。**什么意思呢？就是说哲学的思考肯定应该是一种辩证的思考，所以处理这个问题不能把它们对立开来。也就是说，作者的情感肯定是和他的写作技巧紧密联系在一起的，我用一个文学理论的术语，就叫作"言说方式"和"言说内容"。我们分析文本、解读文本的时候，它们是很辩证统一的一对词语，是紧密结合的一对词语。或者我这样说，我是一个作者，我用什么样的言说方式才能表达出我要表达的内容，这是一定的；我换了言说方式，我言说出来的内容，肯定会发生变化。

所以当大家用这样一篇散文去试图训练学生的写作能力，或者教写作技能的时候，会出现一个最大的问题，就是忽视萧红的情感。这篇文章表达了萧红一种很细腻的情感，本文是萧红成年之后，有了各种人生遭遇之后，回忆童年那一段经历产生的情感，她心中的感情和我们的感受绝不一样，当这种情感不一样的时候，老师让学生用这种方式去写作，会出现一个问题，就是学生学到的也只是给老师造两个句子。**散文的写作在一定程度上是不可教的。**当然，老师也可以让学生模仿着造一两个句子，比如用文中的一些词语，"明晃晃的，红的红绿的绿，鲜艳漂亮"等，五年级的学生肯定也会造句，但学生的困难是，他们可能没有办法写出自己的情感来。

【观察者点评】你同意吗？

【反思】
　　新课标指出，工具性和人文性的统一，是语文课程的基本特点。从上面的备课中，你发现老师们是如何理解这一问题的？有老师谈到，"体会情感"体现人文性，"训练写作方法"体现工具性。你认为这种看法正确吗？

**师5：** 可以让学生把自己困在学校里面的那种痛苦，跟萧红的那种痛苦相连接，把萧红在园子里面的那种自由，跟他们放学之后的自由相连接，让学生不需要达到她那种程度，就是稍微地体会到她的自由，体会到自由的可贵，让他们说出来，说出自由的快乐。

**专家1：** 可以。但是萧红这样一种言语方式的精妙处在哪里？比如"这花园里蜜蜂、蝴蝶、蜻蜓、蚂蚱，样样都有"，全文有很多这种很简单的句式排列，看起来是很简单的一种罗列，就像我们常说的流水账一样，但整篇语言让我们感觉到一种意境的营造。学生也会写"我家里有爸爸、妈妈、我和狗"，在句式运用上难度其实也是没有的，但是他们很难营造出那种意境来。这里的问题就是，首先学生感受到这种意境了没有？我们在教阅读的时候，学生在阅读的时候，他们能感受到这一点吗？我不知道。因为大家刚才说到学生通过反复的朗读，就会感受到这种情感，感受到这个园子很美，我反而觉得学生产生这种感受是有一些困难的。

**师5：** 我觉得学生感受有困难，是因为他们没有亲眼见过，没有被这个美的意境震撼到，所以他体会不到，再怎么朗读也体会不到。

**专家1：** 你刚才用到这个词语——意境，我就顺着你这个词往下说。意境一定是作者这个人的，她用了一种特殊的眼光，她有特殊的心情，她看到的，这其实是一种很主观很个性的感受，作者是把一种情绪传达给我们。但是刚才有老师说，用flash去呈现，学生可以看到现实的景物，但是他们无法看到萧红当时所看到的那些景物，他们无法感受到萧红营造出来的那种充满意境的园子。

**师7：** 这种意境只能去体会。

**专家1：** 我只是在分析说，我们最后要确定什么样的教学内容，我觉得对作者营造出来的充满意境的园子,学生感受起来是非常困难的。这是不是这篇课文教学最重要的难点?请陆博士帮我们分析一下。

【要点评议】
　　合作专家质疑教师的学情分析结论,实际上旨在指出教师刚才确定的教学目标有不合适的地方、教学内容有不合宜之处,同时为了引起老师们的反思。老师们刚才讨论认为,对于作者的情感和作品的写作特点,学生理解和把握起来难度不大,合作专家则认为,学生对作者营造出来的充满意境的园子,感受起来是非常困难的。这是共同备课的必要环节,也是共同备课活动中合作专家必须要做的事、必须能做的事,即提出议题,引发思考,激发讨论,这也是合作专家在共同备课中引领作用的体现。可以看出,老师们已经开始产生困惑了。

**合作专家2(陆平博士,以下简称"专家2")**:这篇文章是几年级学的?

**专家1**:五下。

**专家2**:江苏也有,是六年级。

**专家2**:我们的语文教材是文选型教材,因为我从80年代末开始工作,教小学,我还记得十几年前的语文教材,一个训练加一个训练,尽管不是很科学,但是相对来说,一个单元到底要教什么东西,还有点眉目。但是现在新课程改革以后,2001年以后,我们的苏教版也好,人教版也好,基本都是人文主题单元的,但是人文主题下面,这篇文章到底教什么,还是不太清楚。老师们说备课要备课后的练习题,我觉得现在有没有也无所谓,我闭着眼睛都知道,第一题肯定是描红,第二题抄写词语,第三题,是找两个句子让学生去理解一下,最后一题基本就是问主题思想。我们语文教学最大的问题是什么?是面对一篇课文,不知道教什么。我们需要通过

【要点提炼】我们无论教哪种课文,都要考虑我要教什么,要有设计好的教学内容,要想清楚如果教这个内容,学生的学习起点在什么地方,学习终点在什么地方,然后我怎么让学生从起点到达终点,也就是让学生学到这个内容。

课文来教语文,但是到底教哪些语文知识,我们现在做不起来,整个小学都做不起来。小学低年级还好,你能教实体的字,但是慢慢升高年级以后,通过这篇课文,到底要教什么,其实你听这个老师上课,听那个老师上课,真的不一样,如果她们之前不商量的话,绝对不一样。因为我是曾经当过校长的,所以你到一班听和二班听就会发现,通过这篇课文,我们到底要教什么,没有标准答案。因为现在就是这个样子,如果教材当中有规定,通过这篇文章,要教一个什么样的语文知识,那么我们教起来就比较容易了,也比较容易达到这个标准。现状是,教材没有规定教什么,只有一篇篇课文,所以我们绝大多数教师都在教课文内容和思想情感。

**我们语文课程当中,有几个核心概念,一个是课程目标,课程目标我们有没有?有的,新课标中有学段目标,但很笼统。再下面就是课程内容,课程内容下面应该是教材内容,教材内容下面是教学内容,教学内容又分成了教师教的内容和学生学的内容。** 最后我们会发现,中国语文教学最大的问题就是课程目标,怎么去达成这个课程目标,必须通过教一篇一篇的课文来落实,所以刚才高晶博士就提出了这样一个话题。

【观察者点评】课程目标、课程内容、教材内容、教学内容,这四个概念的涵义要厘清。

《祖父的园子》这篇课文是选自《呼兰河传》,《呼兰河传》是一篇长篇小说、自传体小说,但是抽出来作为课文也可以作为一篇散文,自传体小说的一部分,变成了一篇回忆性的叙事性的散文。散文最麻烦,小学教材中,童话、寓言相对来说好教一些。我们无论教哪种课文,都要考虑我要教什么东西,我要教的是哪个知识,那么我最后达成也是那个目标,因为确实教材没有给我们一个规限,所以我们语文教学界这几年一直做的一个东西,叫同课异构,或者是同课异教。

**专家1:** 对,刚才陆博士说得很清楚,一篇课文,到底确定教什么,为什么要教这个,依据的道理很重要,我们应该探讨这个道理本身。像这篇课文,作者为了表达自己那种自由自在的感觉,用了类似于第一段这样很简单的句式,后面的表达也很随意,先说蝴蝶,蝴蝶说完又是蜻蜓,她没有一定的顺序,然后蜻蜓说完以后,反过来又说蜜蜂。但是在我们的教学过程中,先说什么,后说什么,再说什么肯定要跟着顺序走。

**师2**：这是逻辑性。

**专家1**：对,我们讲的是逻辑,是教学设计和教学实施的逻辑性。但是作者写作不是这样,她带给我们的感觉是她想到哪里就说哪里,因为她是回忆那个园子里所有的一切,对她来讲,都是历历在目的,都是她无数次脑子里面萦绕的那个东西。她想到哪里,就说到哪里,她想到哪里就会把哪里描述得很细致很细致。

所以你看她说到蝴蝶以后,说到颜色,说是不好看,然后好看的就是红的带金的,这样一个简单的评价,然后蜻蜓,然后蜜蜂,则是嗡嗡地飞着,就是这样说着。她像是这个园子的小统领一样,所有的东西,都是有生命的,说到哪里,就是如数家珍的感觉。**所以如何让学生在这样的文本中间,能够读到这种自由自在的感觉,我觉得是一个难点。**再看第三段,这个大榆树,"来了风,大榆树先呼叫,来了雨,榆树先冒烟",如果我们去写会加很多因果一类连缀性的词语,但是她这样写,来了风就怎么样,来了雨就怎么样,很口语化,而且这种很随意的口语带有一种典雅。这就是那个年代五四白话文运动追求的一种典雅的白话体,不同于文言体,也不同于口语,是一种有文学性的白话体。萧红有自觉的语言追求,她的语言是经过锤炼的,所以给我们呈现出来这种感受。

【观察者点评】这是教学难点,你同意吗?

我想说,如果我们在备课中,可以在这样的一篇课文里读出来哪些语句是值得琢磨的、为什么它是值得琢磨的,如果我们能够挑出来一两个这样的语句让学生体会,其实就可以算作确定的教学内容。

**师2**：你的意思就是说抓住重点句这个形式?

**专家1**：对,就是品味这个点上,我们可以做到什么,我们自己读到什么,我们可以怎么样来设计,让学生能够读到什么。

**师2**：根据句子去品味意境?

**专家1**：对,这就是"言说方式"跟"言说内容"的统一,学生对于言语表达,常常是知道说了什么,但是不知道这样说的精妙,我们教师就要试图去解释,在这个解释的过程中，我们可以通过教学，让学生也能够感受到言语的精妙。比如在萧红眼中，不仅是祖父，园子里所有的东西，每一个动物、植物，在童年的她的眼中都是有生命的，都是很有生命力的，而这个是我们无法通过一些照片、实物以及投影片呈现出来的。这是萧红语言的功力，如何体会她语言的功力、语言的精妙，可能是教学中需要我们去关注的地方，也就是需要给学生搭台阶的地方。

**师4**：可是我觉得很多东西，都是只可意会不能言传的。就算是我们教师读这篇课文，也不能百分之百地体验到萧红当时的心情，比如萧红当时进到祖父园子里的那种兴奋的心态，我们并不能体会到，那我们也不一定要求学生必须要去体会呀，因为他们还没有达到那种境界，他们还不能体会。我觉得作为教师，我们需要引领学生去体会当中的情景，去体会作者那种感情。怎么去体会呢？我觉得要给他们营造一种氛围，氛围很重要，把他们引到那种氛围当中去，加一点配乐什么的，就相当于是用心理学的方法让学生身临其境，让他们自己去体会，而不是我们强加给他们，你看这就是园子，不是这样子，而是让他们自己走到作品当中，让他们自己去体会，随着音乐，随着语句，或者是优雅的范读，自己去体会。这就是需要学生自己去体会、掌握的东西，而我们老师就是充当一个引领者，我们不用教，让学生自己读就好了，反复地读，他们就能读出这个感情了。

【要点评议】

　　散文阅读，其要领可以归结为一句话：体味精准的言语表达，分享作者在日常生活中感悟的人生经验。分享首先要区分人我，不能用读者自己的既成经验，去过滤、同化甚至顶替散文中作者的经验。分享不是"占有"、"具有"，学生的感受，与萧红所传达的感受不可能完全吻合，这种不同，不仅表现在阅读的起点，也表现在阅读的终点。我们不能够占有作者的人生经验，但我们要通过作品中萧红的语言，体认她的那种独特的心肠、幽微的情怀。请注意"体认"一词，就是体会并认识到，而不是感同身受。

**专家1**：我现在解释一下，作为研究者，我的某些话语是中性的（态度），意在引发大家思考,所以我们不是对立的。

**师5**:我们是讨论。

**专家1**:对,大家理解就好,我是想说什么呢? 就是我们要尽量避免说一些大一点的词语,比如引领,引领是什么意思呢?引领是我知道目的地,我知道要去哪里,然后才去引领。但是对于我们现在的语文教学来说,我让学生去读,学生心里真的知道要去哪里吗?教师让学生到的哪个目的地,教师知不知道呢?

【要点提炼】语文教师的专业性体现在能够正确而熟练地运用一套专业术语。术语就是概念,对概念有相对一致的理解,才能发生有效的对话,才能有助于问题的解决和实践的改善。比如"形散神不散",恐怕许多语文教师的理解都不尽相同。在这个教育术语满天飞的时代,尤其要保持严谨的治学态度。

刚才有老师觉得第一段的教学可以给学生呈现一些园子的画面、配一些音乐,这样设计,是要负载一定目的的。但是我换一种方式,我呈现另一个设计,咱们可以比较一下。比如说我拿出一张白纸,请学生读完第一段和第二段之后把景物画下来。这个时候,大家画出来的具体的东西可能不一样,但是都应该有一个共同的特点,就是画面很明亮,说白了就是很鲜艳,五光十色,因为第二段说:"花园里面明晃晃的,红的红,绿的绿,鲜艳漂亮。"所以要让学生表现自己的感觉,就要在这张画纸上,让学生除了能够画蜜蜂、蝴蝶、蜻蜓之外,还要能呈现出"红的红、绿的绿"这种鲜艳漂亮的感觉。这样的话,我可以说我这个设计是有引领的。的确如你所说的,感受每个人可能是不一样的,但是大的朝向是一样的,这里是很欢快、很明亮的朝向,学生的画在颜色方面,应该不会出现黑色。

**师2**:我来说一下吧,高博士主要是认为我们在理解作者情感方面做的解析还不够,是这样吧?

**专家1**:我的感觉是对作者情感的理解比较笼统,始终就是"自由自在"这个词语。一说到情感,应该是很丰富的,是很多很多的,心理专家就说这个东西有些时候是讲不清楚的。但是作者却可以通过她写的这个景物来外化出来,对于人物的感受上,她其实是通过对这个景物的感受来外化给我们,来感染我们。所以当我们教学中处理情感的时候,我们不希望把这种高度概括出来的一个词语变成认识本身,是自由自在,还是快乐,你追究这个词语本身,就成为认识的层面了。学生懂不懂什么叫"自由自在",懂不懂什么叫"快乐",那是字典可以查出来的,但是当感受"自由自在",当感受这种"快乐"的时候,学生有的时候是需要借助一些无法外化的语言或者是图画或者是其他什么来感受的,而这感受(注意,"感受"在这里是个动词——编者注)需要往细腻处走,不要往抽象处走。

【要点评议】

由于表述的原因,这里合作专家似乎没有讲清楚,容易引起学员的误解。"对作者情感的理解比较笼统",不是说"理解的情感"比较笼统,而是说对情感的理解方式、阅读方法乃至教学方法比较笼统;换言之,教师引导学生体会作者的情感的时候,不能跳过具体的语段、语句、语词的赏析,直接告诉学生一个高度概括的结论,比如,作者的感情是"自由自在"或"无忧无虑"等;也不能让学生自己读课文,归纳一下课文写了哪些人、事、物、景,然后用一个高度概括的词语总结作者的情感,再要求学生认同并且记住它。所以,合作专家说,散文教学中感受作者的情感,应该是往下、往细腻处走。就是说,阅读的方法要细读,相应地,教学的方法就要引导学生细读。

**师 2:** 我们走得太笼统了,往宏观角度了,这里是说要往微观走?

**专家 1:** 对,我觉得,教学中要处理情感,教学的路子好像不应该是最后概括出一个词语,概括是往上走、往宏观上去走,去总结、去概括,那是认知的路子。散文教学中感受作者的情感,应该是往下走,往细腻处走,越细腻,学生的情感体验就越细腻丰厚。原先只能体会出有好多的颜色,现在可以体会出更多,就是越来越丰厚。

**师 2:** 我们主要是从一开始就直接落脚在写作方法上,直接从技能方法上落脚到写作方法的提升,这也很好,有分析才有进步。我们看一下如何处理情感这一问题。先不说这个写作技能的提升,先说

【观察者点评】教师 2 真正理解合作专家的观点了吗?

**情感是微观还是宏观,不同的人有不同的看法,比如说我就在想,小学生是不是需要这么细细地去品味这样深厚、这样深层的感情呢?** 像刚才有的老师讲把萧红的背景也介绍了一下,她那种人生阅历,那种生活上的经历,学生们无法具有,我们能不能帮他们补充出来,又如何补充,这可能是高博士想说的一点,而我们是觉得需不需要让学生懂得作者的人生阅历,因为小学生才五年级,或者六年级,他们的经历肯定不会有那么丰厚,是让他们自己读了之后感悟呢,还是我们去引领,我觉得这里就有分析的必要了,这是我的看法,但是如何分析,还是要请各位老师谈谈,不可能就这样让高博士一个人说。如果你想往宏观走,我们要找出原因,你为什么要这样做;你如果觉得微观好,那你能找出哪些句子可以让学生去品味,又如何让学生品味到这个句子后面的意义。

【要点评议】

到这里,我们发现,教师2并未真正理解合作专家的观点,甚至没有理解合作专家的问题。当然,合作专家的表述也有不清楚的地方。合作专家的观点是:一、就文学作品而言,形式和内容是统一的,一定的"言说方式"表达一定的"言说内容"。学生读课文中的语言,知道语言表达的是什么,但是不知道这样表达的精妙,教师就要努力通过教学,使学生也能够感受到言语的精妙。所以说,课堂上采取用一些照片、实物和投影片让学生看的办法,是无法让他们体会到作者语言的功力、语言的精妙的。二、散文教学中感受作者的情感,应该往细腻处走,不要往抽象处走,是说教师应该教会学生细腻地感受作者的情感,而不是抽象地接受一个对作者情感高度概括的结论。也就是说,细腻指的是阅读感受的方式方法,而不是作者的情感本身。这位老师理解成"对作者情感方面做的解析还不够",还要挖掘出更深刻、更细腻的情感来。上面教师4那位老师也产生了同样的误解,以为"往细腻处走"就是让学生去百分之百地体验到萧红当时的心情,所以这两位老师都产生怀疑和困惑。如果这两位老师真的认真参与了备课讨论,还是没有理解,除了合作专家表述的原因,恐怕和他们的语文学科教学知识有关,这时就需要为他们搭建一个对话沟通的支架。

**专家1**：我再明确一下，刚才我不是说不处理写作方法的问题，我是说，应该站在作者想要表达什么样的情感这个角度来处理写作方法。这两个东西，其实是一体两面的东西，就像一个硬币一样，你不说这个，那个也说不清楚，不说写作方法，内容也说不清楚，不说内容，方法也说不清楚。

**师3**：理论性的东西，我也说不出来。我们可以通过这篇课文，来提炼一下文章的主要内容和中心思想，或者用一句话，比如说我刚才说的那句"一切都活了，要做什么，就做什么。要怎么样，就怎么样，都是自由的"，因为这是主要的一句，我会问学生，"作者为什么要表达一种自由的、快乐的情感，你是从哪些语句感受到的？"然后再琢磨这一段、这一句话当中，作者是怎样描写的。比如说一个句子，她为什么这样写就很好？她这句话是怎样来体现自己愉快自由的心情的，你是怎样感受到的？我觉得这样中心开花、分支散叶，会好一些。我想作者本人也是因为有了那种自由、快乐的体验才特别怀念这个园子，才会对园子中的人事特别地喜欢。我们就从她最基本的感情出发，感受每一句当中她是怎样去表达自己的感情的，我们又能不能体会到作者那种快乐的心情，比如第一段当中最后一句话说："落到一朵花上，胖乎乎，圆滚滚的"，这种景象看在眼中一定是快乐的、自由的，小蜜蜂都吃得饱饱的，吃得圆滚滚的，在花园中自由自在地玩，那一定是很快乐的，所以我就是这样体会到的。我想我们是不是应该提炼出一个中心来，然后再从这个中心出发来教学，因为作者的文字当中一定都是充满了感情的。至于老师如何通过引导让学生一段一段地分析，我还没有想得很细致。

**师4**：我也赞同，如果一篇文章很长，学生读完之后肯定是有一点初步印象，或者是读完之后，有一两个印象深刻的地方，可以先让学生总结一下对这个园子的印象是怎样的，比如说总结成一句话，或到文中找一句话，比如说为什么对一个地方印象深刻，为什么会喜欢。学生可能能够说出一些他自己的理由，可能从他自己的角度也喜欢那个园子，和作者产生共鸣，也相当于抓一

> 【要点提炼】教学现实中有这样一种常见现象，就是一线教师在参加培训或听讲座的时候，只要听不明白或觉得听到的内容不能解决自己的实际问题，就归咎于教学理论的无用，泛滥到对理论本身的轻视。在共同备课工作坊中，这种现象尤为明显。

些重点的句子来把握。

**专家1**：开始是这样，学生刚读完会有一个笼统的印象，我估计会是这两个词语，"自由自在"和"快乐"，这两个词语肯定会最先找出来，我们要处理清楚，所谓的"感受"就是刚开始只能是这样一个笼统的印象，但是需要仔细品味到语言的细腻处。许多学生对课文有些地方是不爱看的，比如景物那一块，他们爱看故事这一块，比如"我"跟祖父的故事，学生爱看；如果我们把教学目标定位在"感受"，那我们要让学生看那些他们不爱看的地方、他们省去的地方，就要告诉他们，这一块其实也是很有意思的。

**师2**：要把他们拉回来。

**专家1**：对，要让他们能够读到，他们原来认为没有意思的地方，觉得好像是一个可有可无的地方，通过你的教学，认识到其实这一部分和写祖父的部分一样有意思，也是园子中间的一部分。我不知道大家是不是可以认可，我们共同备课是借助这一篇文章来讨论语文教学的问题、散文教学的问题，在把握情感和品味语言方面都存在很大的盲点。

【观察者点评】用一篇课文的备课来讨论散文教学普遍存在的问题，这也是共同备课目的和功能之一，从这个角度讲，共同备课具有研究的性质。

**师2**：难道就四个老师有看法？组长你有没有看法？

**师7**：我对语文真的是一片空白。

**师2**：没有关系，反正都要试着来，有什么想法都可以说，因为我们现在什么都没有确定，我们现在连起点都还没定。要不就这样吧，你来说说你的教学思路，你想怎么教，现在先不想什么理论，就是想在你的学校，你怎样教？

【要点提炼】这种说法你是否也不止一次地听到过？对语文教学为什么会有这种论调？你同意吗？当老师拿来一篇课文不知道教什么的时候，不知道教得对不对的时候，讲却如未讲，讲还不如不讲，在这种情况下，让学生充分地读，让学生自己去体会，未尝不是一种无奈而明智的选择。是吗？

**师3**：我们学校有个校长，他就告诉我，其实教语文不用教什么的，让学生去体会就可以了，让他们充分去读，他们就能学会。我的大概思路就是这样，我会给他们呈现音乐，因为心理学告诉我们音乐是可以让人全身心的放松的,在最放松的时候,我们的思路是最活跃的。我可能会找那种音乐,让学生听,然后把一、二段的意象给他们呈现出来,然后去朗读,有范读的音频让学生去听,在听的过程当中让学生想象这个园子是什么样子的。然后我会让学生用各种方式去朗读,也可能齐读,而后会让学生小组合作,或者自己去找自己最感兴趣的事情,小白菜、铲地、浇水、睡觉,四件事情,我让他们自己找。然后分组交流各自最感兴趣的地方与原因,然后再全班分享。而后是学生分角色朗读,让他们在读的过程中深化对"自由"的体会。到最后,我肯定会让学生自己来说一说,即如果一个小组选择了"小白菜",我会让学生说一下文章围绕"小白菜"讲述了一件什么事,哪里体现了自由的情感,当然这一过程是要合上课本完全脱稿的。我大概是这样一个思路。

**专家1:** 我插一句,我估计大家来的时候,是抱着取经的想法,想得到一些现成的东西;但是实际上目前的语文教学,整体上都是在不断建构的过程中,可能大家希望得到一个最后的成品,然后交到你手上,其实这种东西暂时是没有的。整个语文教学,就是前面问题没有处理好,最后的问题又全部在课堂上爆发出来,似乎显得全都是一线教师的责任,这是不对的,其实应该是前面整个问题——课程编制的问题、教材编撰的问题等。但是如果培训的过程中,你要后面这个成品,我只能说现在不可能有。我们老师参加培训,一定不要有所戒备,既然我们现在已经来到这里,就要先把教师的身份放一放,先和我们站在一起,看一看,我们探讨的是语文教学的什么问题。所以如果大家要想在十天的培训中有所收获的话,那么一定要先放掉自己一些既有的想法,静下心来听一听专家在说什么,不要把理论排斥在你的身份之外,也不能因为专家说的对我明天上课没有直接的作用就不去听。语文教学的问题很多,语文教学改革这条路很漫长,首先最重要的,是摆正心态,真正参与进来。

**师2:** 先放松一下吧,我感觉好像每个人都很紧张一样,好像每个老师都在想应该说什么,都在担心说出来有没有什么错。

**专家1:** 对,放松,也许大家越往后面学习就越觉得崩溃,怎么这些所有的专家老师都对当前的语文教学进行批评,而你听下来,好像也没有听到有

> 【观察者点评】你也有同感吗?

**对自己明天上课能用的东西,你可能会有沮丧之类的感觉。所以为什么我们主题讲座之后一定有这种共同备课,就是希望告诉大家,我们都在路上,都在探索中,大家都是专业的人士,我们专业的人士在一起讨论一些专业的问题,这就是我们培训的特色。** 不是告诉你有什么、可以怎么做,不像教育技术手段,告诉你按那个键,你明天回去按就可以了,操作手册一交给你,什么都可以解决,教学永远不可能是这样的一种操作方式。**目前的培训只能是我们是一群专业的人士在一起讨论当下语文教学最关键的问题是什么,怎么样去解决。专家从理论角度切入,大家从教学实践的角度思考,而我们殊途同归,大家都是一个目的,就是如何上好语文课。** 所以希望大家还是先放松,不必要焦虑或者紧张。

【观察者点评】现在你了解共同备课的目的了吧?

**师3**:我有一个问题想问一下,我觉得这篇课文的思路,肯定应该是四个趣事的介绍,那我们老师怎么来把这四个具体的趣事呈现给学生?怎么教这一部分?

**专家1**:对呀,这就是咱俩的矛盾冲突所在,你觉得应该教这个地方,而我觉得不是。我觉得课文的一头一尾,就是文章没有趣事描述的地方,反而是学生可能感受不到的地方,是应该教的地方。这几段趣事,教师讲不讲,学生都会觉得有趣,我是这个意思。

**师3**:是的。

**专家1**:所以我觉得,像前面一段景物描写,学生肯定是一晃而过,或者学生觉得没意思,很难静下心来,而后面跟祖父的那些趣事,学生会感兴趣。

**师3**:教学不应该是由简单到难的吗?文中四个趣事,学生肯定是自己能够读出来、能领会的,前面一两个段落,他们肯定是自己读读,不会去理会的,像"胖乎乎"、"圆滚滚"一类的词句,他们就会一扫而过了,那么我们要怎样从四个趣事引领到一、二段里面?

**专家1**:的确如你说的,要由简到难。学生自己读完之后,他就能够很快地被这一段所吸引,也能够感受到这一段表达的快乐,所以这一段可能只是起点一,甚至只是站在起点的那个位置上,因为在四十五分钟的课堂上,如果你简单的部分占到二十分钟的话,那最难的那个部分,肯定一个台阶是上不去的。在时间的分配,包括教学环节的整体设计上,一定要让难点占最大的时间段,否则就说明我们对难点的判断有误。**我们这次培训,每一个课程都不允许大家只是带个耳朵就可以,而是要求大家不断地反思、回馈,对老师们体力上、脑力上的负荷要求都很高。有一个老师跟我说,经过学习,他原来睡不着觉,现在累得倒头就睡;还有老师说,他原来倒头就睡,现在他睡不着了,发现来上海不是逍遥快活的。**

【观察者点评】你有过这样的培训经历吗?

**专家1**:有一个词可能是准确的,就如我们刚才说的,像"胖乎乎"、"圆滚滚"这样的词,学生二年级就学过,所以他认知上不存在任何困难,难点是这些词语传达了怎样的情味。

**师2**:后面活泼俏皮的感觉?

**专家1**:对,就是情语本身,它在这个语境中间所带给人的那种味道是学生很难体会到的。所以当我们把这个词语找出来以后,就知道朗读的时候应该让学生读什么,就是他一定要读出那个味道。所以在这点上我们要想办法,看抓什么样内容的点、做什么样的设计,使学生能够读到这个味道的层面上。

**师2**:这个可以示范朗读,另外老师可以提醒一下,比如说刚才你说的ABB类词语我就没注意到,因为这个格式二年级就掌握了,让学生们根据"胖乎乎"、"圆滚滚"这样的词语去联想,他可能一下还会想到好像和某个小动物一样,比如"胖乎乎",他会想到小猪什么的,也能有活泼俏皮的感觉。

**专家1**:对,所以我的意思是说,当出现这个问题的时候,我们不是要强调记住啊这里是ABB,不是要往ABB这里强调,而是要往ABB带给你什么样的感受上去强调,就是这个点出来之后,教师要往哪里去引导。然后你要告诉学生,为什么这个词语会是重点的,为什么要在这里强调这个重点,为什么要在这里将这个语调拉大,其实是与他的感受有关的。我们在语言层面上的处理,往往是让学生画出一些关键的、需要让他们重读的地方,但是你并没有告诉他,你为什么要这样,就是你这个重读所引起的带给别人的感受。

**师4**:我突然想到一点,说给大家听一下。这篇文章的题目叫《祖父的园子》,但是文章中间对于祖父的描写,我觉得是比较少的,祖父在里面干什么,就是在劳作。我觉得我就可以提这样一个问题,园子是祖父的,你认为它真的是祖父的吗？对于"我"来说,"我"在这个园子里面干什么？祖父在种菜,"我"可能在那搞破坏,结一根小黄瓜,"我"把它吃了,那么可能祖父的园子就变成了"我"的园子了；实际上,"我"对园子的所有权可能超过了祖父,那么这个园子究竟是"我"的还是祖父的,还是属于这个园子里面所有的动植物的呢？因为动植物在这个园子里面是自由自在的,想怎么样就怎么样,这个黄瓜,不愿意开花、不愿意结黄瓜,没有人管它,想怎么样就怎么样。这样,从这些细节中间就能体会到自由与快乐,这是我的一点点不成熟的想法。

**师 2**：意思就是说这个园子并不是祖父的,而是"我"的？

**师 4**：对,从题目入手。

**师 5**：是"我"的乐园。

**师 4**：对,"我"的乐园,然后是园子里所有动植物的乐园,而不仅仅是祖父的,其实祖父在园子中就是劳作而已。

**师 2**：就是说,园子表面看是祖父的,而实际上是"我"在里面寻找自己的快乐,成为了"我"的乐园。我也在想,鉴赏这篇课文,它的不可或缺性在哪里？在带三年级的时候,我刚刚教了一篇散文,第一天教研员就来听课,我被她批得很惨,一个重要原因就是课堂想象力调动不足,她说散文的优美需要充分发挥学生的想象,这样学生才能充分领会到这篇叙事散文的优美。我们的教研员也很有资历,她说你既然教散文,就要知道散文如何教,营造学生的想象力是重要的一环。这也是我认为的这篇散文的不可或缺性。

**师 3**：正所谓散文"形散神不散",看似写景、写事漫无目的,但有一个主要的"神"去表达作者那种思想感情,这一点我们可以从这篇课文当中看得很清楚。如果站在学生的角度上,学生也能够体会到在这篇散文当中哪一部分表达出来作者那种自由快乐的心情。我想我们的起点是不是可以从这里出发,让学生去说,因为这些都是大家一眼可以看出来

> **【要点提炼】**这里,"形散神不散"的散文知识驱使老师首先认定这篇课文一定有一个"神",在他看来,即作者的思想感情；然后,让学生到课文中去找能够印证这个"神"的句子、语段、写法。这是正常的散文阅读状态吗？从这里可窥见"形散神不散"说的影响和遗患。

的,让学生来说一下喜欢哪一段,哪一段表达了作者快乐自由的思想感情。肯定很多学生对写在园子里玩的部分比较感兴趣,那中间这一部分,学生通过自己阅读就可以了解到、体会到。我们再逐层抓两头,看为什么要这样写。其实刚才大家也都考虑到了,起点在这个中间,很简单,所有的人都能够看出来,重要的是要让学生说一说,给学生一个舞台去说。学生知道的,我们可以让学生说;学生不知道的,我们去重点说、重点分析。然后再通过这些分析来学散文的写法,在分析的过程中,学生就可以逐渐学会散文的写作方法以及学写一些优美的语言。我觉得散文最奇妙的就是,它看上去很散,但是每一节都有其特别美妙的地方,我觉得我们的起点可以往中间定,往学生可以理解的部分定。

**专家1**:其实是一致的,我并不是说不处理中间这一段。中间这一段,也是一样的,童年的自由快乐,是能够从句式上面感受到的,也就是从语言的形式上感受到这种自由快乐。品味这几个语段中间的自由自在、活泼可爱,也始终还是要落回到语言形式所表现出来的内容上面的,其实跟我前面处理第一、二段是一个效果。

看这个句式,"祖父怎么样,我怎么样",这种重复的句式,句式很整齐,但是作者又通过这样很整齐的句式来表现"我"作为一个小孩子,"我"学着你,但是"我"又在给你捣乱,很调皮。应该是从第四段开始,写到"祖父怎么样,我就怎么样",一直持续到课文最后,反反复复地使用,说明祖父对作者这个行为也一直没有制止。就是通过这个句式可以看出,祖父对"我"一直是放任的,其实相当于,"我"愿意怎么样就怎么样,即便是愿意飞到天上去也没有人管,一直是到玩腻了以后,还是在重复,甚至已经重复到了最后倒数的第四段,倭瓜想怎么样,就怎么样,等等。这个句式出现在很多地方,是很容易找到的,如果把这一堂课的教学内容设计成,让学生能够体会到这样一个句式的情味,可不可以?

"要怎么样,就怎么样",萧红用这样一个句式来表达她在这个园子里的那种放纵、快乐、自由、无拘无束的感受。如果把教学内容落在对这个句式的品味的话,那么我可能不会先去处理课文前面三段。教学中,如果先让学生把这个句式圈划出来,学生就会发现,从第四段一直延续到课文最后,除了写"我"想怎么样,就怎么样,还写了倭瓜、黄瓜、玉米等要怎么样,就怎么样,说明园子里面的生物也是自由自在的。然后我们再翻回来看第一段,她说蝴蝶小不好看,是她眼中的蝴蝶小不好看,好看的是那样子的。她描述出来的蜜蜂,觉得是胖乎乎的圆滚滚的,在她眼中是可爱的,这都是她的主观想法。

  我是想说这个句式是一种自我感受的表达,是很放纵自我感受的表达,"要怎么样,就怎么样","就"这个字是很恣意妄为的,所以她对于这个园子中那些小动物的感受,也是很恣意妄为地施加一种很自我的感情。这个句式本身在这个语境中间,跟她所要表达的那种恣意妄为的快乐是吻合的。所以我们能不能找到这样一些类似的句式,从语言这个层面上,这样来教情感,这样来教语言技巧。

**师2**:你想把它们串起来?

**专家1**:对,因为我始终觉得这是一体两面的东西,如果你抛开语言这个点,你的情感就不知道是从哪里读出来的。可能不止是这一个句式,我觉得这个句式出现得多一点,就想到抓这个,我们还可以看一下是不是还有其他的。萧红尽情抒写自己这种肆意的快乐,就是我想折腾什么就折腾什么,我想怎么样就怎么样,这种情绪呢,又不仅仅体现在这一句式上,比如还有,"我"一抬头看见黄瓜,我就跑过去了,我就吃了,还没吃完,又丢下黄瓜追蜻蜓,等等。

**师8**:随意。

**专家1**:对,表现随意随性。

**师5**:她说愿意什么就有什么,我觉得,在第三段,写樱桃和李子愿意不结果子,就不结果子,也是这样。

**专家1**:萧红的写作,多少有点想起什么就说点什么的特点。所以所谓的品味语言,是需要落回到语言这个点上的。"要怎么样,就怎么样"这个句式,学生肯定在一二年级就学过,但是他们只知道这是一个句式,现在学习这篇课文,要让学生体会出有这样一种特殊的味道,体会出作者通过这个句式所表达出的随意随性。作者执意要用这样的方式,来表达她在这样一个园子中间的自由自在,所以这里的自由自在,可能就比别处的自由自在,多了一种恣意妄为的感觉。

  我希望大家在备课时真的多一点尝试,因为情感一讲容易虚掉,就往祖父爱"我"、"我"爱祖父、"我"怀念祖父上想。这一篇课文之所以很经典，一定有一些不同于其他文章的独特的东西。词语一旦出现在文本中间，它除了有字典的意义，还有情感的意义，这里我们叫它文本的意义吧。所以在阅读中去教词语，和我们单纯地去认字认词的时候去教那个词语，恐怕是不大一样的。<u>尤其是小学的词语教学，有两种区别开来的词语，一种就是生</u>字生词，造成他阅读的障碍，今后也是需要读的，比如说"倭瓜"，学生不认识，这就是生字生词，需要注音解释，又如"榆树"、"蚂蚱"，可能写起来困难但理解并不困难，就需要让学生会写。另一种就是一些表达特殊味道的词语，教师要让学生在文本中读出这个味道，才可以说我们这篇课文学好了。

> 现在整个散文教学的难点也是在这里，所以说今天大家出现了这种僵持的局面，我觉得大家心里不需要有太多的纠结，散文教学本来就是要在这个问题上寻求突破。我今天下午也是有一点坚持，始终要把大家的想法往这里拽，也就是这个意图。

【观察者点评】你是如何理解"词语教学"的，你在日常教学中又是怎样做的？

**师2**：情感的探索？

**专家1**：这是我们下午讨论的一个结果。大家回去可以上网搜搜孙双金老师上的这堂课，看看他抓的是哪个点，他是怎么样去处理这个难点的；还有薛法根老师也上过这堂课，看看他是怎样设置了一个活动来处理这个点。当我们讨论到一个难点，我们应该试图寻找突破，如果我们有所尝试有所突破更好，当我们没有的话，可以去看看其他名师的课例。

**师3**：我蒙了，越想越蒙了。

**师7**：我也是一片空白。

**师3**：嗯，就盯着这两头，就蒙了。

**师8**：有没有人上过这篇课文？

**师3**：我上过，但我发现我一直抓的东西都和高博士不一样。

【要点评议】

可以看出,老师们始终没有真正理解合作专家的意思和意图,这也是一线教师首次参加这种共同备课活动时的常态现象。因为时间有限,合作专家不得已抛出自己设计的教学内容的一个要点,即体会文中特殊句式的情味。这样做起到的作用是,指明共同备课一个可能的、合理的思考方向,以引发老师们作更深入的探讨。到这次备课结束时,老师们陷入了迷惘之中,如果是一种"梦醒了无路可走"的彷徨,那就说明这次共同备课的目的已经基本达到了,后续的备课急需跟进。

## 问题研讨

### 一、关于"课文的教学设计"

本次共同备课对《祖父的园子》这篇课文的教学设计达成以下几点共识:

1. 本文虽然是长篇小说的节选,但选入教材后已经成为一篇独立的文章,从文本体式上看,应该作为一篇散文来教。

2. 教学目标确定为"品味语言、体会作者抒发的个性化情感"。这是依据体式得出的正确结论。至于如何品味语言,高博士指出"体会文中特殊句式的情味",虽然备课中没有展开讨论,但是也已经引起老师们的思考。

3. 教学目标没有偏移到空洞抽象的写作方法的训练上去。

4. 教学方法上重视各种形式的"读",符合这篇散文的特点,适合五年级学生的学情。

5. 品味语言能关注到抓关键语句,具体到相关语段、语句、语词和修辞方法上。

### 二、关于"教师的备课状态"

备课的起始阶段,老师们自由发言、讨论,对本课核心教学内容的认识基本一致:一是体会情感,二是训练写作方法。老师们所说的写作方法,有的指词语表达,如"胖乎乎"、"圆滚滚"这种ABB型词语的运用;有的指修辞方法,如比喻、拟人、排比;还有的指写作心理,如平时注意细致地观察生活。

备课的发展阶段,合作专家的介入,指出两个问题:一、一定的"言说方式"表达一定的"言说内容"。学生读课文中的语言,知道语言表达的是什么,但是不知道这样表达的精妙,教师就要努力通过教学,使学生也能够感受到言语的精妙。二、散文教学中感受作者的情感,应该往细腻处走,不要往抽象处走,这是说教师应该教会学生细腻地感受作者的情感,而不是抽象地接受一个对作者情感高度概括的结论。也就是说,细腻指的是阅读感受的方式方法,而不是作者的情感本身。此时,老师们对初始教学目标、教学内容的设计开始产生动摇,表现为,不再坚持将"写作方法的训练"作为教学目标之一看待,但是并没有真正理解合作专家的意思和意图,所以对合作专家的建议持怀疑态度,备课出现思想上的停滞。

备课的高潮阶段,合作专家再次介入,通过举例阐释如何"体会文中特殊句式的情味",进一步解释自己的备课建议,引起老师们比较激烈的讨论,但是仍然没有完全领会合作专家的意图,备课的重点转向讨论"如何教",即教学方法的问题。

备课的结束阶段,老师们陷入迷惘和困惑,但是这种迷惘和困惑是很浅层次的,只是感觉到专家说的有道理,但不知道为什么有道理;还没有意识到自己教学设计的不合理处,更没有对自己的语文学科教学知识产生反思,比如一位老师仍然用"形散神不散"来解读这篇独抒性灵的散文。

### 三、备课建议

1. 生字词的学习需要作区分:学习字形书写,可以脱离语境单独学习;而学习字音、字义(尤其是字义),更多的需要放到上下文语境中去掌握。因为汉语单音节的词占主流,一个字往往就是一个词,一个词在文学作品中常常是多义的,有基本的字典义,还有语境义、情韵义、文化义,而阅读文学作品,把握词语的语境义、情韵义和文化义,往往更加重要。

2. 要抓住一些有特点的句子细腻地品读,体味这些语句所传达的丰富的情感。比如"祖父栽花,我就栽花"、"要做什么,就做什么。要怎么样,就怎么样"、"愿意……,就……"。总之,要从作者富有个性的语言中感受作者的情绪、体认作者的情思、分享作者的独特经验。

3. 阅读这篇散文,一定要避免先概括出一种情感或一种主题,然后让学生从文中去找证据,凡是和这种情感不符的,或与这个主题无关的,都用"形散神不散"来一言以蔽之。

## 后续学习活动

建议大家按照上面共同备课的样式组织一次活动,篇目是《珍珠鸟》,形成共同备课成果,进行试教和研讨,撰写备课反思。

备课资料:

一、人教版教师参考用书上给出的"教学目标"建议:

1. 正确认读 13 个生字,能有感情地朗读课文。

2. 读懂课文内容,理解课文最后一句话的含义,体会作者的思想感情。领悟信赖是人与动物和谐相处的基础,激发学生爱护动物、善待生命的情感。

3. 继续练习用比较快的速度默读课文,提高默读能力。

你觉得这三个教学目标合适吗?

二、文本解读

这是一篇充满诗情画意的美文,具有音乐美、绘画美、情感美的特点。情感美,是说作者表达了真挚的情感和"深彻的哲理"(见《冰心说冯骥才散文〈珍珠鸟〉》,《名作欣赏》2004 年第 11 期)。音乐美,比如说,本文句式长短变化、错落有致,表现出情感的变化;比如多处描写鸟儿的叫声;再比如用象声词、叠音词摹写雏鸟制造的声响。绘画美,比如使用许多色彩鲜明的词语,比如写鸟用了"鲜红小嘴儿"、"红嘴红脚、灰蓝色的毛"、"小红爪";再如,生动细致地描摹鸟儿的形态:"它好肥,整个身子好像一个蓬松的球儿"、"细腻的绒毛"、"扭动滚圆的身子,挤开那些绿叶钻进去"。通过多种手法的运用,营造出这篇散文鲜明生动的画面感。

**任务 1:** 开展共同备课。

**任务 2:** 进行试教和研讨。

**任务 3:** 撰写备课反思。

# 回忆性散文"应该教什么"
## ——《藤野先生》共同备课的启示

**教学现状描述**

### 一、教材简析

鲁迅的《藤野先生》是初中语文教材中的传统名篇,是鲁迅回忆性散文的典型代表。在这篇散文中,鲁迅回忆了自己青年时代留学日本的一段难忘经历,抒写了自己人生道路的一段心灵轨迹,其中主要通过回忆与藤野先生的交往,记叙了藤野先生对自己的深刻影响。在鲁迅心中,藤野先生始终是一位治学严谨、没有民族偏见的知识分子,在作者当年无法摆脱精神困境的绝望中,藤野先生不经意间的关怀给作者孤寂的心灵带来巨大的慰藉,引发作者由衷的感激乃至崇高的敬意,而且这种情感一直保持到多年以后。所以,这篇散文的主要特点,是鲁迅通过叙写藤野先生在自己精神成长中的作用来表达他对这位老师永远的敬意。这篇散文在写法上有一个突出特点,用了两种叙述语调:在写自己的生存境遇时,用的是调侃的语调;而在写藤野先生时,用笔就严正、庄重。两种叙述语调的交替使用,就形成了这篇散文语言上的独特魅力。

课例综述显示,目前这篇课文的教学目标有以下三个方面:

1. 认识藤野先生正直热情、治学严谨、没有民族偏见的高尚品质,感受鲁迅先生强烈的爱国主义思想。
2. 学习作者抓住人物特征和典型事例来表现人物思想品质的写法。
3. 品析文中含义深刻的语句,理解反语的运用,学习鲁迅散文的语言特色。

### 二、教学误区

《藤野先生》的教学存在诸多误区,表现为:(1)重点教藤野先生其人,忽视鲁迅的情感思想,即便教鲁迅的情感思想,也大多停留在爱国主义的浅层次上,未能体会出作者复杂的深层的情感变化。(2)语言品味不到位,不能体会出调侃与庄重两种语调交替使用的意味。

教学误区源于备课过程中文本解读不到位,而文本解读不到位又是因为对体式认识不清。体式,是指文本的个性特征,对一篇课文而言,就是其负载阅读教学的独特功能和价值。《藤野先生》是一篇回忆性散文,作品兼具叙述和抒情的特点,有时还夹杂着部分说理和议论。很多时候,教师忽视了本文作为回忆性散文的特点,把《藤野先生》定义为写人叙事的散文,当然我们不能说这样的说法完全错误,《藤野先生》也为我们刻画了一位黑瘦、八字须、戴着眼镜的先生;然而,我们仅仅把《藤野先生》当作一篇叙事散文或是写人散文来教,肯定就有失偏颇了。回忆性散文,它不同于其他散文的最大的特点,是文中有两个"我"——过去的"我"和现在的"我",有两种类型的情感交织——过去的"我"的感受和现在的"我"回忆往事时产生的感受。忽视这种体式特点,就容易把这篇散文和其他类型的散文混淆,甚至和小说等同起来。所以,许多课例的教学重点都落在分析"藤野先生"的形象上,这样教学目标就出现了方向性的错误,进而也不可能发现作品中那些独具特色的言语表达的魅力。

**热身活动**

常听一线的语文老师说,传统名篇是最难教的。你觉得《藤野先生》难教吗?为什么?在你的教学生涯中,对这篇课文的教学有没有令你难忘的经历?下面让我们再一次走进这篇经典课文,开始一段崭新的备课之旅吧。

**任务1:**请将你曾经做过的教学设计的要点写在下面。

| 《藤野先生》教学设计 |||
| --- | --- | --- |
| 科目: | 教师: | 日期: |
| 班级: | 人数: | 时间长度: |

**教学目标**

续表

| 教学重点 | |
| --- | --- |
| 教学难点 | |
| 教学过程 | |

**任务 2**：思考并尝试回答下面的问题，再进行一次教学设计，然后将设计成果填入下面的教案模板，后面【问题研讨】中的"备课建议"可供参考。

1. 这是一篇回忆性散文，回忆性散文有怎样的文体特征？

2. 这篇散文主要是刻画藤野先生这个人物，还是叙写作者对藤野先生的感受，抑或是回忆自己早年留学日本的一段心路历程？

3. 这篇散文的题目是《藤野先生》，为什么开始 5 段没有直接写藤野先生，而是写作者从东京到仙台的生活？

4. 文中写到几件事情？哪几件事是写作者和藤野先生的交往？"幻灯片"事件重要吗？和藤野先生有直接关系吗？

5. 文中多处用到反语，极富调侃意味，颇具鲁迅杂文嬉笑怒骂的文风，请找出来仔细品味，想一想，为什么是在这些地方？又传达出怎样的意思、意味？

6. 你在文本解读时遇到什么困难了吗？或者产生过哪些困惑？你是否打算将自己的这些阅读体验与学生分享？

教案模板：

| 藤野先生 | | | | | |
| --- | --- | --- | --- | --- | --- |
| 科目： | | 教师： | | 日期： | |
| 班级： | | 人数： | | 时间长度： | |
| 学情分析 | | | | | |
| 教学目标 | | | | | |

共同备课工作坊

续表

| 教学重难点 | | |
|---|---|---|
| 教师活动预设 | 学生活动预设 | 设计意图 |
| | | |
| | | |
| | | |

备注：

### 共同备课进程

#### 《藤野先生》共同备课

**场景描述**：下面是上海师范大学承办的2012年"国培计划"全国中小学语文骨干教师培训项目（初中语文班）的一次共同备课，参与者包括8位教师，他们是来自全国各地的初中语文骨干教师，大多具有中学高级教师职称；还有来自高校语文课程与教学论专业的一位合作专家——步进博士（江苏师范大学）

**合作专家**（步进博士，以下简称"专家"）：现在可以开始我们今天的共同备课了，每次共同备课我们都是由组长主持，各个小组都是一样，我也作为参与者，最后形成的教学设计方案是我们大家的集体智慧，是我们大家备课所达成的共识，所以需要大家各抒己见。在这里没有权威，凭学理说话，以理服人，共同备课就是这样的原则。现在我们把主持的工作交给陈老师。

**师1**：今天我们备的是《藤野先生》，大家可以各抒己见。

**专家**：我提一个建议行吗？我们先拟教学目标。我不知道大家平时写教案是不是从教学目标开始写，我们在上海一些中学经常跟老师们进行共同备课，很多老师不是从教学目标开始写的，他们备

【观察者点评】一想，备课时先设教学目标，有什么处？

课首先想的是上课要先做什么,而且是自己先做什么,不是学生要做什么;然后自己再做什么,最后才把教学目标补上去。

**师1**:那是不对的。我认为应当先设计教学目标,围绕这个目标来设计教学方案。

**师2(刘老师)**:我不这样认为,我认为应当先备教学内容,然后根据教学内容来设计教学目标。

**专家**:其实是一样的,教学内容是教学目标的展开。我的建议就是我们从教学目标开始,看大家意见,这只是我的建议。

**师2**:大家在一起备课实在是不容易,我备课是这样备的,程序与说课一样。我先说内容,告诉学生今天我要教这个内容,这个内容在整个学期,就是三年初中学习的六册教学中是什么地位,我的依据是什么,然后说作者情况和编者意图,再说我对这篇课文的理解,然后对学生接受这篇课文的可能性情况作分析,最后再确定教学目标。所以我的教学目标完全是根据教学内容来的。教学目标的设计包括大的目标,如教育目标、语文知识目标,确定教学目标以后就说教学方法。教学方法是依据文本的解读、文本的内容、作者的风格以及老师个人能做到的程度来确定的。我的逻辑思路基本是这样的,所以如果要我先确定目标,那我可能就会说一些套话。

**专家**:好,那先请刘老师给大家说一说这篇课文的设计。

**师2**:这篇课文我很熟悉,我的重点放在哪里呢? 放在对教学内容的理解,我认为教什么比怎么教更重要。所以当我明确了我要教什么之后,再考虑我怎么教就容易多了。

**师4**:你说的教学内容是指什么?

**师2**:是指文本的解读,我的教学内容的落脚点首先是文本的解读,接下来理解编者的编辑目的是什么,然后理解作者的意图,再来分析。

**师5**:我觉得首先是要确定主题,明确《藤野先生》所在的八年级下册第一单元是一个什么主题。八年级下册的第一单元是记人的,写老师的。

**师6**:不仅仅是写老师的。

**专家**:我不明白,这很重要吗?

**师5**:很重要。

**专家**:重要在哪里?

**师5**:要确定一个单元的教学目标、教学任务、教学重点、教学难点是什么,要把这些东西分解到每一个篇目里面去。

**专家**：你的依据是什么？

**师5**：依据就是教材编写者的意图。因为语文教材是按单元编写的，我们今天进行的是一篇课文的备课，那么这一篇文章的备课要服从于这一个单元的设计意图。

**专家**：假如教材编写者的意图有问题呢？教材编写者也会出错误。我说的是假如，所以，教材编写者的意图至多只能算是确定教学目标的学理依据之一。我要问的是，教材编写者们又是依据什么来编排这个单元呢？

**师2**：国家的教育目标、育人目标、语文教育的目标。

**专家**：能具体点吗？比如说这个单元都是写人的散文，那教材编写者又是依据什么呢？

> 【观察者点评】追问教学设计的学理依据，是共同备课的重要内容，也是合作专家试图引发备课教师产生反思的常规问题。

【要点评议】

合作专家在共同备课伊始，就指出备课重点是备教学目标，意在调控和指引备课的发展朝向。老师们开始有些不适应，但很快开始思考，他们提出确定教学目标的依据有：教材内容、教材编者的意图、文本解读、学生学情，并且坚持认为教材编者的意图是确定教学目标的重要依据，而教材编者的意图又依据课程标准。这些情况反映出老师们对教参的依赖，也揭示出老师们日常那种习惯性的备课思路。此问题没有能够深入展开讨论。

**师4（王老师）**：我来说说自己的想法，这篇课文有几个地方我看起来有点费劲。所以我想我看起来费劲，学生看起来肯定也是费劲的。我想说的是这么几个地方：首先这篇文章是一篇散文，而且是一篇回忆性的散文，那么他写藤野先生的话，直接就可

> 【要点提炼】学员展示自己的阅读困难，提出很好的问题，这里应该立刻跟进讨论。

> 以写藤野先生,按照我们平时的认识,写一个人物就可以直接写他的外貌,为什么要从东京开始写呢?所以把这一部分删掉行不行?

**专家:** 问得好!我非常赞赏王老师备课的这种思路。

**师4:** 我还有一个问题要问,就是接下来我怎么去操作?问题有了怎么去操作?

**专家:** 我们一点一点来。

**师2:** 王老师你刚才这种备课的思路就是从学生,或者说是从最薄弱处入手,这是有效教学的好方法,但是我给你一个建议,我们要在整体感知这篇文章并且占有大量的资料以后,最薄弱处才找得准。比如说你刚才说的,为什么要写东京、为什么从东京开始写。

**师4:** 我还有一个疑问,就是昨天王荣生教授举了一个《项链》的例子,他说判断一篇作品的"体式",以《项链》为例,要首先说,这是一篇小说,然后说,这是一篇外国小说,接下来说,这是一篇批判现实主义的小说,然后再说,这是莫泊桑的一篇批判现实主义的小说。我们怎样把这种思路用到备课当中呢?按照这个思路,是不是要说,《藤野先生》是一篇散文,是一篇回忆性的散文?

【要点提炼】教师4是一位青年教师,她的两次发言都是在质疑,而不是在做判断,反映出她已经开始具有较明显的反思意识,或者至少说明此刻她较少受传统备课积习的干扰,能做出比较真实的思考,而真实的思考往往会产生有价值的问题。

**师3:** 我觉得是不是可以有这样一个思路:我们首先要考虑这篇文章写了什么,既然题目是《藤野先生》,那么肯定是写了一个人,这个人是一个外国人,他和作者之间的关系是什么?他是作者的老师,就是写了鲁迅先生在东京求学期间与藤野先生的交往过程。那么这个过程当中写了几件事?这个是我们首先要考虑的,这也是一个整体感知的问题。接下来,作者想通过写藤野先生来表现一种什么情感,为了表现藤野先生又采用了怎样的写法,也就是回答第二个问题,怎么去写的,这就涉及刚才王老师提出的问题,即为什么要写藤野先生,不上来就写,而是写先到东京,再到仙台?研究这两个问题的时候我们的教学重点基本上就出来了,然后我们就要考虑学生在文本的阅读当中,在解决这两个问题的过程当中,会有哪些问题是他的问题,那么就涉及一些教学的细节。最后一个问题就是我们要去探讨他为什么要这样写，这样写的好处是什么，这是我觉得备这一课的一个思路。然后在这里面我们要具体地去分析哪一些知识，哪些语文知识在这篇课文当中是应该让学生掌握的、积累的。我还考虑这篇文章比较长，它里面的内容很多，尤其是鲁迅先生的语言、写作风格，也是我们要考虑的大的方面，然后教学细节怎么去设计，从哪里入手，这个就得细细地去推敲了。这是我的一点看法。

**专家**：好的，纪老师的意见我也赞同。你刚才讲的就是你在备课的时候主要考虑的是作者写了什么、表现了怎样的情感，对吧？

**师3**：对。

**专家**：然后考虑作者是怎么去写的，那么我按照我的理解，是不是就是说任何一篇作品的教学其实都要考虑两个方面，一个方面是"写了什么"，一个方面是"怎样写的"，

**师3**：嗯。还有第三个，为什么这样写，这样写的好处。

**专家**：这样的话，教学目标就出来了，你认为教学目标是什么？

**师3**：一个是文本内容的理解和把握，另一个是写作的手法。

**专家**：写作的手法就是"怎么写"的？

**师3**：对。

**专家**："怎么写"的也要让学生明白，是吧？

**师3**：也得懂，学生学习这篇文章就是来学习写人的，学习鲁迅是怎么来写人的。你看这里面有肖像的描写、心理的描写，有他的一些语言的描写，这就是语文的要素，因为这个单元整体是写人的，但是每篇文章刻画人物有不同的手法。

**专家**：那刚才王老师提的为什么要从东京开始写，不就是说"怎么写"的吗？

**师3**：这也是一个写法，人物的写法。

**专家**：很好，我理解了。然后你还提到了一点，还要考虑语言风格，是吧？

**师3**：对。

**专家**：那么，《藤野先生》这篇散文的语言风格，你是怎么理解的呢？

**师3**：鲁迅先生这篇散文的语言风格一看就能看出来，比如他说："中国是弱国，所

【观察者点评】掌握写作手法是本文的教学目标之一，而"写作手法＝怎么写＝写人物的方法"，这是这位老师的说法，你认同吗？

以中国人当然是低能儿。分数在六十分以上,便不是自己的能力了;也无怪他们疑惑。"这段话是非常难以理解的,对于八年级的学生来说,为什么说弱国的人就是低能儿,类似这样的一些句子,是带有鲁迅先生的语言风格的。

**专家**:对,也就是说这是鲁迅这么认为的?

**师3**:对。

**专家**:鲁迅是这么想的,我们可不一定这么想,其他的留学生,包括和他同时代的作家,留学日本的作家,比如说郭沫若,可能也不会这么认为,所以这是鲁迅自己的感受,自己独特的感受。

**师3**:对,那学生读到这个地方肯定就会有一些障碍。

**专家**:这是鲁迅自己的、独特的、个性化的感受,散文的特质就是要抒发作者一种个性化的感受。那学生能不能在老师的引导下,体会并理解作者这种独特的个性化的感受呢?

**师4**:我也赞同纪老师的观点,我觉得这篇散文就是要找到作者那种独特的感受。

**师2**:所以要结合它的背景。

**专家**:结合背景是方法,是我们怎么去解读课文的方法。刚才两位老师谈的,就是你们要让学生能够体会到作者是在表达这样一种情感,这个可以是教学的子目标。然后陈老师刚才你讲的,要给学生介绍写作背景和作者的生平,这些是帮助学生、引导学生能够理解作者独特情感的方法。

**师3**:因为鲁迅先生他要表达的这种情感不是靠老师讲出来的,而是让学生通过读文本自己悟出来的,学生体会不出来的时候老师要为他们提供材料,帮助他们理解。如果大家理出这样一个思路来,那么我们就可以确定这堂课的目标。下面就是怎么来表述这个学习目标以及确定我们的教学方法。

**师2**:任何课文都可以这样思考:写了什么,怎么写,为什么这样写。我觉得,先要分析一下这篇文章跟别的文章不一样的地方。老师要做的工作是什么?就是读出学生读不到的东西,然后把自己的体会与学生分享。

**师5**:我觉得,我们应该把文章先研究一下,把它独特的地方找出来,根据这篇文章的特点我们再来想《藤野先生》是一篇怎样的文章,这些东西我觉得需要

【观察者点评】你也赞同吗?

研究一下,然后再根据文章的独特之处确定教学内容。

**专家**:我非常赞同于老师的说法。

**师5**:还有就是学生哪些地方懂,哪些地方不懂,我觉得最好的方法不是我们在这里研究,最好的方法是课堂上让学生来提问,让他自己说不是更好吗?我们要做的事就是对学生提出来的问题,给他们一个合理的解答。

**师2**:那就有无穷的问题。

**专家**:开始可能是无穷的问题,但慢慢就会聚焦。我相信老师有能力去判断哪些是有价值的问题,哪些是无价值的问题,老师要能够依靠自己的专业知识将学生的问题加以总结、提炼、概括、归纳。

**师5**:可能上了一段时间的课之后慢慢就会归纳了。

**师2**:在上课的过程中老师得到了训练,学生同样也得到了训练,老师慢慢也学会了怎么归纳整合。

**专家**:于老师的看法我同意,他起码提出了一个我们探测学情、判断学情的工具,就是"学生提问"。当然,有的学生提的问题是没有教学价值的,因为学生是"不成熟的读者",但很可能确实是他们的真实的阅读困难,这就要看我们老师的专业能力了。于老师提的这一点我为什么赞同,就是他提出了一个重视学情的问题,那么学情怎么判断?让学生问,这是一种办法。

**师5**:就是我们要教学生什么,要教学生他们不能理解的地方;那我们怎么知道他们不懂什么?让他们自己说,我觉得最好。

【要点评议】

通过老师们的发言,我们可以看出老师在日常备课时一般会关注哪些问题,通常会作怎样的思考。从大的方面讲,一是文本解读,二是教学设计。而且这两个问题是混在一起考虑的,用一个比较专业一点的说法就是"文本的教学解读"。师3备课时对文本有三个关注点:一是作者的情感,二是写作方法,三是语言风格;师4关注自己的阅读困难;师5关注到学情;综合起来就比较完整了。但是关注到不代表能做好,比如师3对鲁迅的语言风格就语焉不详,对这篇散文的写法也缺乏具体的解释,是不是反映他对文本的解读其实并不深入?

**师4**：刚才我们谈到，散文表达作者的一种独特感受，那么在这一篇文章中，作者的独特感受是什么？

**专家**：这个问题问得好。王老师提的问题我们现在能回答吗？我们不能回答，肯定不敢上课，这就是核心问题。我认为刚才王老师问的几个问题，都是很关键的问题，很有价值的问题，我们老师的答案是什么？

**师5**：还有个问题，就是哪些东西是一定要让学生掌握的，关键还是看我们文本解读到哪一步。散文跟小说不一样，我们要找到一个解读突破口进入到文章里面去，因为这篇文章很复杂，有两条线索，作者的情感线在前面，这个也是重点，也是不可忽略的，作者在写人的过程中伴随了深厚的个人情感，就是深厚的爱国情感。

**师2**：说到这里，我们备课的意义就出来了。我们备课的价值不是说我们老师不晓得要把这个思路理清，这是个必要环节。我认为这篇文章不是写爱国情怀，而是写藤野先生作为一个老师有教无类的一种大爱，就是这样一个形象。当时中国留学生不争气、麻木不仁，不知民族被踩躏的廉耻，没有血性，被当成劣等民族，受到歧视，但是藤野先生作为一个普通的老师能够这样尽自己的本分，不歧视弱国学生，这是这篇文章的价值，我们的教学讲这点要比讲发生了几件事更重要。这篇文章里面写了几个人、发生了几件事、辗转了几个地方，你只要提一下，学生一看便知，而我刚才讲的那种情感是需要我们老师把它拎出来的，这才是我们备课的价值和意义。

**专家**：我要问的是文章中有哪两条线索？

**师5**：一条是叙事线索，一条是情感线索。还有一点很重要，即刚才刘老师补充的，为什么作者对藤野先生这么敬重？

---

【反思】

这位学员提出本文有两条线索——情感线索和叙事线索，你同意吗？散文作品的"线索"一般是指什么？他讲的两条线索又分别指什么？如果真有所谓两条线索，它们又有怎样的关系？又是如何关联的？

---

**师3**：这是解读这篇文章的最主要的东西，除了爱国情感，作者在文章中还表达了

什么情感？

师2：因为鲁迅觉得藤野先生不藐视中国人，所以他特别敬重藤野先生。

师3：鲁迅要表达的最主要的情感其实不是爱国，而是发现人性的弱点。

师2：当这个人弱小了，大家都去欺负他，你要说爱国主义是文本解读的一个重要方面，那我还可以说，写鲁迅这个留学生有良知也是这篇文章的主题；如果说爱国主义是主题的话，这篇文章还有很多主题，但它毕竟有一个最重要的主题，最重要的主题就是藤野先生这种有教无类的大爱。

【观察者点评】这样的表述，你不觉得很奇怪吗？

师6：我觉得这个主题很好。传统的解读就是把鲁迅先生放在第一位，我觉得这是一种理解，现在《藤野先生》这篇文章的主题就是一个学生对老师的怀念之情。为什么怀念老师？藤野先生在鲁迅心目中这么伟大是为什么？

师2：在于他不藐视、不歧视中国的学生。

师6：这就是之前文章的一个主题。

师2：对，这就是爱国主义。

师6：它不是爱国主义的。

师3：我觉得不矛盾。

师6：不矛盾。

师5：藤野先生对咱们中国人没有歧视，所以鲁迅就对藤野先生敬重。

师3：拐了一个弯。

师3：你说的爱国主义是一种挂靠式的，文章为什么以藤野先生作为标题？为什么反反复复都是写他跟藤野先生的交往，藤野先生的神态，藤野先生的打扮，别人对藤野先生的评价，藤野先生怎么教我、怎么对我，以及我心里面的感受呢？

师5：包括最后写"正人君子"之类的文字。

师2：那为什么不是爱国呢？

【要点评议】
　　学员开始讨论这篇散文的主题。主题之于散文阅读是一个伪命题,老师们没有弄明白,主题是用来分析革命现实主义小说的一个专用术语,如果非要用来分析散文,也只能分析杨朔风格的一类散文。问题是,老师们为什么会产生这样的解读思路？恐怕和他们的散文知识有必然联系吧。

**专家：**问题聚焦一下吧。我建议回到刚才王老师提的问题,为什么作者一开始不直接写藤野先生？而是写自己当年在东京的生活感受？

**师2：**写这个是为写藤野先生服务的,塑造这个人物之前先写自己当时的心情：百般不顺,百般别扭。

**师5：**写那些东西都是为写藤野先生服务的。

**师4：**我说一下我的看法,我觉得在文章最后一段,其实已经把藤野先生当成了一个精神的支柱。

**专家：**精神导师也行。

**师4：**我读了一下前面,我觉得鲁迅这篇文章有几个特点：第一,他和同时来的这些留学生不合群。第二,下面有一个背景,日俄战争中自己的国家清政府无耻地宣布中立。第三,自己的国人怎么样？都是麻木的看客和废物。第四,他在日本也受到了日本人的欺负,他曾几次提到过。

**师2：**那你说他文章里面这样写是为了什么？

**师4：**由于这些不幸。

**师2：**他为什么要这样？

**师4：**没有人关心他的时候,藤野先生关心他。但为什么他最后一段写"瞥见他黑瘦的面貌",只用了一个"瞥"字？一般人如果是尊敬的话,肯定是注视着他或者凝视着他。

**专家：**非常好,这个词找得非常好。

【观察者点评】作品的前五段,是为了写藤野先生服务的。你能接受这样的解读吗？想一想,这篇散文,鲁迅主要是在写藤野先生,还是在写自己？

【要点提炼】教师4的备课状态一直都比较积极、对路,这里她举了一个文本细读的疑点,虽然有误读,但她的解读方式值得肯定。

共同备课工作坊　107

**师5**：鲁迅跟其他人不一样，我觉得这点很重要。

**师2**：我不同意，我举一个例子，鲁迅在写作的时候，当他倦怠了，当他想偷懒的时候，他的余光扫到藤野先生，就足以感受到他的精神。藤野先生做老师的为人之道，深深影响着鲁迅。这个没有贬义。

**专家**：确实没有贬义。

**师6**：这句话正说明了藤野先生的精神在影响激励着鲁迅先生。你看他正想偷懒时，瞥见藤野先生黑瘦的面貌，便使自己良心发现，这正说明藤野先生对他精神的影响。

**专家**：关键就在于作者的情感，独特的情感。刚才老师们是在讨论本文的情感，就是在争论表达什么情感，说鲁迅先生有爱国的情怀，这个有错吗？

**师6**：没有错。

**专家**：没有错那争什么呢？

**师6**：你的定位呢？是定位在爱国情感上，还是定位在他对藤野先生的这种敬佩之情上？

**专家**：为什么要定位？这两种情感不是都有吗，为什么要二者必选其一？

**师6**：如果是爱国这个主题的话，文章就不会命名为《藤野先生》。

**专家**：我有个疑问，我们在争论什么问题？大家说这篇文章表达了两种情感，一是表达爱国情怀，二是表达敬佩之情，这些情感都有，为什么要非此即彼？

**师6**：那么我们现在要教给学生哪一种情感？我不赞同把教学的定位放在爱国情感上。

**专家**：那你认为要教给学生什么情感？

**师6**：就是让学生重点体会作者对藤野先生的这种敬慕之情。

**师2**：这种表达是不准确的，就是作为一个老师那种有教无类的大爱。

**专家**：他有大爱吗？我没有感觉到他有大爱。

**师2**：藤野先生没有大爱？

**专家**：就算在鲁迅眼里他有大爱，但是换一个人看，眼里就未必有大爱。

**师4**：我的理解是这样的：鲁迅一生中肯定有许多老师，为什么他非要写藤野先

> 【观察者点评】你在解读这篇作品的时候，也有这样的疑问吗？这是个有价值的问题吗？

生,而且评价那么高？首先他的工作认真,另外就是他不歧视中国留学生,我还是比较倾向于,鲁迅比较爱国。其实刚才刘老师的意思就是,我们在辅导学生的时候,不能把鲁迅先生的爱国当作重点情感。藤野先生不歧视弱国的留学生,所以鲁迅对他的印象特别深刻,非常敬仰他。我觉得这一点是感情当中偏重的一点。

**师5**：很普通的一篇写人的文章,单纯的对老师的情感。

**师4**：这篇文章的独特之处到底在什么地方,就是我们到底要教什么。这篇文章我们的教学目标是什么？

【要点评议】
　　备课的内容开始聚焦作者抒发了怎样的情感,引发激烈的讨论,主要有两种观点,一是赞美藤野先生不歧视弱国学生的品质,表达作者的敬佩之情；二是表达作者的爱国主义情感。老师们非要争出一个对错来,以致相持不下,因为在他们看来,作品一定要有一个明确的主题,这种解读方式本身就有问题。实际上,争论的焦点还是教学目标的定位,是侧重认识藤野先生这个人,还是重点体会作者的情。可见,虽然合作专家多次提到,散文的特质是抒发作者个性化的情思,但并没有对老师们产生强烈的冲击和实质的影响,所以合作专家还需要更有力地介入和引导。

**专家**：今天是我们第一次共同备课,可能大家还不了解我们这种共同备课的特点,我向大家作一点说明。《藤野先生》这篇课文,王荣生教授曾经带着我们在上海市的一所中学连续备了七次,每两周去一次,每次下午去备三个小时,就备这一篇课文。我们经历过这样的过程,大家可能不能理解,所以请大家想一想,我们这样做,究竟是什么目的？

　　今天我们时间有限,我觉得问题是不是能聚焦一点,我刚才听了老师们的备课,有的谈得很好,但我们的备课一直纠缠于这篇散文的主题,散文有主题吗？解读散文需要探讨主题吗？另外,我们到现在都没有很具体地讨论这篇散文"怎么写",这一点我们好像讨论得太少了。"写了什么感情"和"怎么写出感情"是统一的,但是我们比较一下看看,哪一个更应该是我们语文的知识？"怎么写"和"写什么"哪一个更关乎我们语文教学内容？

**师2：** 那我们先前也有讨论"怎么写"的问题。

**专家：** 是的，只是讨论得太少，就是刚一开始的时候王老师提出来过。王老师提出来的问题，就是在问"怎么写"，为什么一开始不直接写鲁迅，为什么从东京开始写？这就跟这篇散文的独特之处密切相关了，也就是纪老师讲的写作方法、创作手法的问题，鲁迅"这么写"才能表达相应的特定的意图和意味，所以我说能不能把问题聚焦到这里。

> 【要点提炼】文学作品的阅读，要通过把握作者"怎么写"来理解作者"写什么"，散文的阅读要通过体会精准的语言表达，来体会作者独特的人生经验，要关注那些"有意味的形式"。从共同备课一开始，合作专家就一直在往这个方面引导。

**师3：** 我们不想再去谈这篇文章写了几件事，或者对人物的外貌描写、语言描写、动作描写、神态描写，这篇文章如果把它作为重点，这个单元每篇课文都这样上，这篇课文的特色就没有了。

**专家：** 非常好，除了这个以外还有其他的写法吗？我要问的是这个问题，就是刚才于老师讲的，写法有什么独特的地方？

**师2：** 能够在一节课内解决一个独特的地方就已经很了不起了。

**专家：** 我们没有说在一节课之内解决，备课要备完整的教学设计，根据学生学习需要该几课时就是几课时。我刚才提建议，我们先写教学目标，一写目标就明白了，一写目标就知道大家是想要教什么，主要是大家一开始都没明白要教什么。

**师4：** 每个人的教学目标是不同的。

**专家：** 不同就太好了，不同就会引起讨论。

**师4：** 是要达成一个统一目标。

**专家：** 那是我们的理想追求。我的意思是说，备课的时候，首先要有目标意识，我们每个人对这篇课文的教学目标如何设计，要有一个清晰的认识，要能够准确地表述出来，然后拿出来讨论。讨论有没有结果，能不能达成一致是第二步要做的事情。我们第一步要做的事情是设计目标，刚才我

> 【观察者点评】你同意吗？为什么？

们一直在做的,实际上主要是文本解读,大家也谈到了自己的备课思路,纪老师提出一个思路,王老师提出一些困惑,刘老师提出一些她自己解读文本的结论,这些都很值得思考。现在的问题是,要具体落实到这篇课文,空谈没有用的,具体的问题是什么,具体的目标是什么,我们不应该讨论这个吗?

**师6**:我觉得教学目标首先应是通过读这篇文章学生要明确作者为什么要写藤野先生。

**师2**:这是初级目标。

**师6**:这不是初级目标,要通过这一点引出作者的情感,这是一个非常关键的问题。

**专家**:纪老师的第一个目标是什么?

**师3**:通读全文,明确作者为什么要写藤野先生。

**师6**:赞成,这是一个目标。

**专家**:第二个目标呢?

**师3**:然后要考虑他是怎么去写藤野先生的。

**专家**:如果是形成教案,你打算怎么去表述你的目标?

**师4**:要不我们每个人都写一下。

**专家**:那每个人都写,然后拿出来讨论。

**师4**:不然这样说下去没完。

【要点评议】
在这种情形下,合作专家不得不进行强有力的干预,不得已直接规限了备课的方向和内容——设计教学目标。可以说,备课备到这里,整体而言,老师们没有什么实质性的推进,基本还在原点上打转,个别有反思意识的老师,比如教师4,或许是由于人轻言微的缘故,她的发言所反映出来的有价值的问题,几乎每次都被另外几位老教师的强势话语所阻截,甚至遮蔽。

(老师各自写教学目标,约五分钟时间)

**专家**:我们交流一下。

**师1**:我先说吧,我的目标是,第一,通过朗读课文,感受作者当时的处境。第二,通过探究,明确作者为什么要写藤野先生。第三,品读语言。

**师6**：我是这样,第一个目标涉及情感问题,通读全文,认识藤野先生,体会作者的情感。

**师3**：这都是手段和过程,这不是目标。我们写目标时就容易把手段当成目标,体会情感是需要落实的。

**师6**：我的第一个目标就是这样的,通读全文,认识藤野先生。首先是让学生们认识藤野先生是一个怎样的人,然后,理解作者的情感,或者把握情感。为什么选择了"理解"呢？就是刚才你们说的,文章中有爱国主义情感还有其他情感,所以我用一个"理解",当然用"把握"比较好一些,就是让学生必须要把握作者为什么写藤野先生,和王老师刚才的想法是一致的。第二个目标就是学习本文选择材料、组织材料、表现人物的方法,就是他为什么要选择这些材料,这些材料选过来之后是怎样组织的,这些材料又是怎样去表现人物的。就是两个目标。

【观察者点评】你也认为好吗？

**师3**：太好了。

**师4**：我写了三点。第一点,通过阅读让学生明白藤野先生在"我"心中是一个怎样的人。第二点就是能让学生体验到"我"对藤野先生的感激和敬仰之情。第三点就是通过这篇文章的学习,让学生明白藤野先生这么普通的人,为什么能够给大家留下深刻的印象。

**专家**：第三点到底是怎么表述的？

**师4**：让学生能够明白怎样将一个普通平凡的人写成这样。

【观察者点评】你认为呢？

**专家**：教学目标应该描述学生的学习结果,目标的表述,第一,主语应该是学生,不是"老师让学生"。第二,用陈述句表述,一般不能用疑问句。

**师6**：主语不能是老师,是学生？

**专家**：对,一般应该是肯定的陈述句,应该尽量用描述的方式,具体描述教师预期的学生学习结果的状态,学生学了这篇课文以后能够怎么样,这就叫描述。

师3：我来说说我的。第一点就是自由诵读，明确作者写藤野先生的原因，这个问题就包括为什么写，他是一个怎样的人。因为我觉得要有教学方式在里面，你们的教学目标里面没有说教学方式。第二就是质疑、探究，了解文章蕴含的作者忧国忧民的情怀。因为刚才我们谈到，学生会质疑作者为什么先写东京，为什么写"中国是弱国，所以中国人当然是低能儿"，这些同学们难以理解的问题是需要质疑探究的，根本原因是作者忧国忧民的情怀。

师6：**我觉得第二个问题与文章的中心偏离。**第二个是怎么表述的？探究质疑？

师3：因为我们没有达成共识，为什么要否定作者忧国忧民的情怀？而且这种感情在文章中有很多体现。

【观察者点评】散文一定要有一个"中心"吗？

师6：这篇文章写藤野先生不是为了写忧国忧民，这个不能作为目标，如果将这点作为目标的话，就完全没有读懂这篇文章。

师2：这个意思似是而非，这篇文章不在于表现鲁迅先生的忧国忧民。

师3：那你目标里面没把情感写上去。

师6：作者的情感可以是多种理解的。

专家：还是纠缠在大家刚才争论的问题上，还是先听听其他老师设计的目标吧。

师2：我的目标是，通过学习这篇文章，了解从藤野先生身上散发出来的人性的光辉和作为教师的品质。可能复杂了点，但是人性的光辉就是大爱，没有贫寒与富贵，作为老师就是要有教无类，就是把作者当成一个学生，当成一个"人"去对待。

师6：王荣生老师提出要求，就是要把教学方法在教学目标中体现出来，通过什么样的方法来达到什么样的目的。

师5：我补充一下，我觉得这篇文章的情感有两种，一个是鲁迅的情感，还有一个是藤野先生对鲁迅的情感。

专家：你的教学目标是怎么表述的？我没太听明白。

师5：就是理解感受鲁迅的情感，理解感受藤野先生的情感。

专家：到底是理解谁的情感？

师5：都理解，我是说两个人的情感都要理解，要理解藤野先生为什么对鲁迅这样好。

**专家**：我觉得好像不是这样。从这一点上讲,我更同意前面三个老师,应该关注作者对藤野先生的情感。

**师5**：第二个就是鲁迅先生的语言,感受体会一下鲁迅的语言风格。

**师3**：你具体说一下鲁迅语言是什么风格?

**师5**：就是他跟别人不一样的那种。

**师3**：怎么不一样,我跟你还不一样呢。

**师5**：就是鲁迅能说出的那种味道。

**师3**：我向你提一个问题,请你简单回答我的问题。就是鲁迅先生的语言是有风格的,但是他在这篇文章里的风格要挂靠他的主题。比方说,你说他讽刺清政府、批判留学生,那么他的语言风格就重点表现在讽刺;他对藤野先生无尚的尊重,他的语言就表现对他的爱。但是一定要抓住主要的,主题是写藤野先生,是对藤野先生的赞美。

**师5**：也不是说跟主题一点关系都没有。

**师4**：我倒是觉得,你们谈的是藤野先生,但这个藤野先生也是鲁迅眼中的藤野先生,别人眼中肯定不是这样子的,我觉得这篇散文写的都是鲁迅的感受,都是鲁迅眼中的一些东西,比如爱国,他肯定也有这种情绪在里面,所有的情感都是鲁迅的情感。

> 【观察者点评】切中散文特质

**师3**：那我们教学的意义是什么?情感通过语言来体现,那么哪些语言?怎么体现?有什么风格?

---

**【要点评议】**

不出所料,老师们的教学设计还是纠缠在大家刚才争论的问题上,基本上还是在原地踏步。老师们设计的教学目标大致有三个:一、通读全文,认识藤野先生其人。二、体会鲁迅的爱国情怀,理解他对藤野先生的情感。三、感受鲁迅的语言风格。这样设计和表述教学目标,有多大的意义?

专家：我也说说我设计的教学目标，供大家批评。第一，感受作者青年时代留学日本时的心灵轨迹，体认作者对藤野先生的独特感情。第二，理解这篇散文作为回忆性散文独特的创作手法，下面又分解为两个子目标：子目标一，明确两种叙述语调交替使用所产生的艺术效果，这个我稍后作解释。子目标二，了解两个"我"在叙述中的作用。

【观察者点评】想一想，合作专家设计的教学目标合适吗？其学理依据是什么？

我作一点展开解释。先解释第一个目标，为什么说要教"我"的"心灵轨迹"？这篇散文主要不是写藤野先生这个人，而是写作者早年留学日本时的一段心路历程，或者这样说，这篇散文主要不是写藤野先生，而是写作者对往昔的人、事、物的感受。本文虽然用了大量的篇幅写到藤野先生，但主要不在赞美藤野先生的高贵品质，而是在抒发作者个人对藤野先生的感激和敬仰之情，这是我设计目标的依据之一，老师们一会儿可以讨论。

再来看第二个大目标，理解回忆性散文的创作手法。子目标一，明确两种叙述语调交替使用所产生的艺术效果。两种叙述语调，用大家的话来说，就是语言风格：一种是冷静的、严正的叙述语调，另一种是嘲讽的、调侃的叙述语调；凡是写到与藤野先生的交往以及表达对藤野先生的怀念时，用的是冷静的、严正的、庄重的语调；凡是写到自己在日本的生存境遇的时候，用的是一种嘲讽的、调侃的语调。子目标二，明确两个"我"在叙述中的作用。这是这篇回忆性散文最大的特点。为什么有两个"我"呢？作为回忆性散文，一个是当时的我，一个是现在的我，有两种情感在交织。第一种情感，是过去的"我"在

并不是所有的散文都是回忆的延伸和整合，散文中回忆的价值更在于，它以巨大的真实性展示了作为个体的人在历史的某个瞬间所特有的生命体验和情绪状态。因此，回忆性散文作为一种回忆与散文相结合的文体，它的主要价值在于作者也就是叙述者所经历的事与人，以及由这些事和人产生的有关"过去"和"现在"相互交织的两种情感。[赵勇.回忆与散文[J].文艺理论研究,1994(5).]

当时事件中的感受,第二种情感,是指现在的"我"在回忆往事的时候,产生的一种新的感受,换言之,就是此时心情对彼时心态的一种观照。这两种情感常常是有一定落差的。比如鲁迅的《风筝》,当时的"我"踏破弟弟风筝的时候,感到快意恩仇;现在的"我"对当时的"我"的做法再审视的时候,发现"我"是在扼杀童心,所以"我"现在感到极度的悔恨,这两种情感有时可以明显地区分开来,有时又交织在一起。两个"我"在回忆性散文中有非常明确的体现,教师让学生品味语言的时候,需要让学生能够适度地分离和体会。这就是两个"我"在回忆性散文中的叙事功能。

最后我还想说一点,散文确实需要让学生体会情感,但一定应该体会的是作者的情感。这篇散文中既包含作者对藤野先生的情感,也包含对留学往事的所有情感,或者这样说,对藤野先生的情感只是留学往事回忆中的一种感情。我就讲这么多,下面请大家批评。

(老师们沉默1分钟左右)

**师3**:你最后讲的应该体会的是作者的情感,这一点我完全同意;但是对不同的叙述对象用不同的语气,初中学生不太好掌握;你说的第一个目标是作者在日本留学期间的一段心路历程,我好像还不太明白。

**专家**:用"心灵轨迹"这个词可能更准确。

**师2**:这一点我不认同,你说体会作者对藤野先生的感情,我觉得不如说让学生明白藤野先生是一个怎样的人,教人物形象。

**师3**:不一样,回忆性散文中的人,是真实的人,小说是虚构出来的一个人物形象,还是有一定的区别的。

**专家**:好,这样吧,我们来看原文,刚才老师们有疑问的那一段,"中国是弱国,所以中国人当然是低能儿,分数在六十以上,便不是自己的能力了:也无怪他们疑惑。"这是作者的感受,对吧?大家有没有觉得这一段话是对匿名信事件的感受,所以这段话独立作为一段更合适,或者紧跟上一段更合适?但是文中为什么紧接着写"看电影"事件?我以为,这是因为作者的感受是连贯的,像流水一样不能截断,那种弱国子民在异国遭受歧视而产生的愤懑与自尊支配

【观察者点评】你认同吗?

着作者无法割裂和停笔,因此作者在这里不分段来写。同时,正是这种情感如此强烈地刺激着作者,导致作者最终做出"弃医从文"的决定。这说明什么?说明散文的特质是要抒发作者真实而个性的感受,散文的作者是依据自己的感受来选材和谋篇布局的。

**师1**:是这样的。

**专家**:再如这句话,"但不知怎的,我总还时时记起他,在我所认为我师的之中,他是最使我感激,给我鼓励的一个"。这里为什么说"不知怎的"?

**师1**:就是说作者这里的感情很丰富。

**专家**:"不知怎的"意思是,到底是怎样的感受,我说不出来,只是下意识的、潜意识的感受,也就是我们通常讲的最隐秘的心理,而最隐秘的心理往往就是最真实的心理。这也是我说的作者的"心灵轨迹"。

**师3**:我觉得咱们制定目标的时候还有一个前提,就是我们面对的是初中生,这点必须要明确,是八年级学生,而不是高中生,也不是五六年级的学生,教学目标不能定高了。

**专家**:纪老师你说哪个高了?

**师3**:可能在大学里教这篇文章的话,教这些是可行的。但是对初中生来说,可能就有点深了。比如两个"我",两种情感的区别。

> 【观察者点评】初中生该不该掌握回忆性散文中的"两个我"?

**专家**:但学生肯定是读不出来的。我举个例子,"改讲义"这个事件中,作者当时是怎么想的,现在又是怎么想的?

**师4**:当时不大服气嘛,觉得这有什么大不了的,就是这个意思啊,现在发现,这是老师对我的一种关心,心存愧疚。

**师3**:我就觉得没有区别嘛。

**专家**:那不会吧,那我给你念念啊,"我拿下来打开看时,很吃了一惊,同时也感到一种不安和感激。原来我的讲义已经从头到末,都用红笔添改过了,不但增加了许多脱漏的地方,连文法的错误,也都一一订正"。作者的情感很明显,当时是吃惊、不安、感激,而现在想起来呢?"可惜我那时太不用功,有时也很任性"。这又是怎样的感受?

**师3**:这个不需要讲的。学生自己能读出来,你还讲它干嘛?

**专家：** 学生能读出来的是什么？而老师又需要讲什么？我以为要告诉学生，回忆性散文中有两个"我"在交替抒情，一个是过去的"我"，一个是现在的"我"。纪老师说教学目标定高了，不符合学情，这个可以再讨论。我说的目标，是明确两个"我"在叙述中的作用，什么叫明确？明确就是明白地知道。

**师1：** 那你说两个"我"的作用是什么？

**专家：** 第一，学生学了这篇回忆性散文，要了解这篇回忆性散文具有什么样的写作特点，用了什么样的写作手法。好，现在我要告诉他们，作者用了这样的一种写作手法，就是作者在文中变成了两个"我"，当时的"我"有一种感受，现在的"我"对当时"我"的感受还有一种再感受。只是这两种感受往往交织在一起难以区分，这是回忆性散文的一个鲜明的文体特征。我的教学目标就是让学生明白地知道，回忆性散文有这样一种写作特点。我不知道现在讲清楚了没有？

**合：** 讲清楚了。

**专家：** 那么，我再讲这样写的作用。这样写是便于作者通过不同的叙述视角，起码有两个视角去表现自己的情感，使作者的情感更丰富、更丰厚。或者这样讲，作品抒发情感有了两种渠道，这两种渠道产生了一种艺术效应。而抒情散文则没有这样的艺术效果，抒情散文就是一个叙述视角，要么是借景抒情，要么是托物言志，要么是即事抒怀，它往往只用一种叙述视角去写，作者的抒情渠道比较单一，但抒发的感情也可以很丰富很深刻。

**师4：** 步博士你讲的比较专业一点，我还要去查一下回忆性散文的相关资料。

**专家：** 谢谢你，你说这句话，就说明今天的备课我们没有白费力气。

**师4：** 像这样的目标我们就提不出来，因为我们对回忆性散文没有那么深度的研究。

**专家：** 我们拿这篇课文进行共同备课的目的何在？是形成一个成熟的、放之四海而皆准的教案的模板吗？不是的！我们是要通过这种备课，让老师们产生反思意识，反思今后的备课可以有怎样的改进。这篇课文只是一个材料、一个例子，通过这个材料和例子，去引发老师们反思问题。主要就是这个目的，如果今天老师们能达成这样的共识，我以为就非常有收获了。

【观察者点评】你能概括回忆性散文的特点吗？

师2：我还是不同意，我听懂了步博士的话，他一直在说的，就是依据文体来教学，但是实际上文体教学始终没有脱离作者的情感，藤野先生如果没有这种博爱精神，作者怎么会有这样的情感？这才是首要的。

师6：我觉得今天下午的备课非常有收获，尽管各人有各人的想法，但是相互碰撞更能产生一些启发。对这篇文章的理解，重要的就是一种个性化的想法，**但是王荣生教授说散文不可以有多样化的解读，这个我不赞成，散文怎么可以没有多样化的解读呢？**

> 【观察者点评】为什么说散文不能有多样化解读？

专家：这个问题我解释一下，王教授是从教学内容的角度来讲的，他认为解读散文的时候，首先要体会和理解作者说了什么，而作者说了什么，尤其是对作者的感受是不能多元解读的。如果说你在理解了作者说了什么的基础上，你受到作者感受的影响和触发，产生了新的想法，到了再认识再评价的时候，是可以多元的。所以，王教授说确定散文教学内容应该采取解读者取向。

师1：我觉得第二个目标特别精彩，就是明确两个"我"眼中的藤野先生，那就能比较深刻地理解作者笔下的藤野先生。我已经明白了，但是我觉得作为回忆性散文我们今天的研究远远不够。

专家：这样想就对了。今天跟大家一起备课，我有两点感受：第一点，关于课文的教学设计，这篇散文的教学重点应该放在"我"对藤野先生的独特感受上，而不应该放在对藤野先生是个怎样的人、他具有怎样的品质的认识上，这是我得出的第一个结论。第二点，刚才老师们谈到了，原来我们备回忆性散文的时候，要关注回忆性散文的文体特点。如果我们不知道回忆性散文有哪些独特的文体特征，怎么办？我们就应该去请教散文理论的专家，去查阅相关的资料，去做一点更充分的备课工作。

【要点评议】

最终，合作专家呈现了一个自己的教学目标设计，这是不得已而为之的做法，因为在共同备课中，合作专家的作用是引导，不是灌输，是在老师备课

共同备课工作坊　119

的自然状态下相机介入，为的是给老师们提供自我认识、自我质询、自我颠覆、自我反思的帮助，结论应该是顺理成章得出的，最好不要（尤其是备课开始阶段）和盘托出自己的观点。备课终了达成共识最好，达不成也不必强求一致，重要的是引发老师们反思自己的备课积习，进而审视自己的语文教学知识。另外，合作专家也是前进中的研究者，所设计和提供的方案也需要商榷，不是最终结论。当然，在备课推进过程中，如果老师们始终不能进入状态，有的时候合作专家提出自己的解读结论或教学设计方案也是必要的，可以对老师们的惯性思维产生冲击，使备课朝着深度和有序的状态发展。

从备课结果看，有些老师感到有收获，已经开始有意识地审视自己的散文理论知识和散文教学知识，这很难得；但也有部分老师似乎还处于懵懂的状态，这里的"懵懂"是说他们并没有意识到自己以前的备课有什么不足甚至错误、还有哪些需要改进的地方，尽管合作专家的建议给他们带来了很大的思维冲击。

## 问题研讨

### 一、课文教学设计

本次共同备课，对《藤野先生》这篇课文的教学设计达成以下三点共识：

1. 本文是一篇回忆性散文，回忆性散文的体式有其独特性，需要根据作品的独特之处来制定教学目标，确定教学内容。

2. 教学目标确定为：第一，了解藤野先生其人，体会作者对藤野先生的敬仰之情，感受作者的爱国情怀。第二，学习本文选择材料、组织材料、表现人物的方法。第三，感受鲁迅的语言风格。

3. 教学难点是对本文所谓主题的定位，老师们一种折中的意见是，本文既表达了作者对藤野先生的敬仰之情，也传达出作者的爱国情感。

思考：以上三个教学目标存在哪些问题，如何改进？

### 二、备课状态

备课的起始阶段，老师们自由发言、讨论，凭借以往的教学经验，依赖教参的建议，认定本文是写人的、写老师的散文,教学目标首先是了解藤野先生是一个怎样的人。大多数老师文本解读的关注点不是作者的情感,而是作者笔下的人物即藤野先生的所谓高尚品质。

备课的发展阶段,合作专家的介入,指出两个问题:一、散文的特质就是要抒发作者一种个性化的感受。学生能不能在老师的引导下,体会并认识到作者这种独特的个性化的感受?二、这篇散文的独特之处在哪里?老师们显然没有真正理解合作专家的意图,依然根据备课的常规经验散乱地讨论,好在有个别教师关注到自己的阅读困难,关注到学情。

备课继续发展,因为一个老师提出"感情线"的问题,备课的内容开始聚焦作者的情感。老师们激烈的讨论,纠结于文本主要抒发作者对藤野先生的敬仰之情,还是表达作者的爱国主义思想,备课没有什么实质性的推进。合作专家再次介入,提示老师们不仅要考虑作品抒发了怎样的情感,更要思考作者是怎么写的。

备课的高潮阶段,每个老师都展示了自己设计的教学目标,基本没有突破。合作专家不得不呈现自己的目标设计方案并作阐释说明:第一,感受作者青年时代留学日本时的心灵轨迹,体认作者对藤野先生的独特感情。第二,理解这篇散文作为回忆性散文的独特的创作手法,分解为两个子目标:子目标一,明确两种叙述语调交替使用所产生的艺术效果;子目标二,了解两个"我"在叙述中的作用。大部分老师有较大的触动,部分老师产生反思意识,开始审视自己的散文理论知识和散文教学知识,并且有了继续探究回忆性散文的兴趣和愿望。

### 三、备课建议

1. 了解回忆性散文的体式。回忆性散文是文学性散文中一种独具特色的文类,也是中学语文教材中一种重要而特殊的课文。回忆性散文的文体特征有:表达作者主观情感、自我个性鲜明、两重叙述视角、追求自我同一性。

2. 依据回忆性散文的体式进行文本教学解读。《藤野先生》的主要内容是以时间为线索记叙鲁迅留学日本时期对他以后的人生道路产生重要影响的事件和人物,藤野先生作为深刻影响了鲁迅人生选择的人而被写入作品之中,鲁迅从到仙台就学期间得到藤野先生的知遇之恩的角度出发,剖析了自己作为一名弱国子民在他乡得到尊重、爱护乃至感恩的心理,以及自己在日本留学期间的精神困境,所以这篇课文不能当作一般纪念人物的文章来读,而应该当作一篇鲁迅反省自己青年时代重要经历的回忆性散文来读。

3. 教学目标要考虑鲁迅散文的语言风格。本文两种叙述语调交替使用,产生了精妙的艺术效果:一种是冷静的、严正的叙述语调,另一种是嘲讽的、调侃的叙述语调。凡是写到与藤野先生的交往以及表达对藤野先生的怀念时,用的是冷静的、严正的、庄重的语调;凡是写到自己在日本的生存境遇的时候,用的是一种嘲讽的、调侃的语调。教学中,要引导学生品味两种叙述语调所产生的情韵和意味。

### 后续学习活动

建议大家按照上面共同备课的样式组织一次活动,聚焦的问题是"回忆性散文教学内容的确定",篇目是杨绛的《老王》,形成共同备课成果,进行试教和研讨,撰写备课反思。

下面提供了两个方面的备课支架,希望对大家有所帮助。

(一)备课资料

1. 陈日亮.《老王》与时代的伤痕和隐痛.如是我读:语文教学文本解读个案[M].上海:华东师范大学出版社,2011.

2. 孙绍振,孙彦君.隐性抒情意脉和叙述风格——读杨绛《老王》[J].语文建设,2012(9).

3. 黄厚江.《老王》教学实录及反思[J].语文教学通讯,2012(9).

4. 曹勇军.《老王》"跨文本阅读"教学设计[J].语文建设,2012(8).

(二)备课时教师应该考虑的问题

1. 该班学生在学习之前的准备情况是怎样的?
2. 该课的教学目标,即学生在这堂课上将会学到什么?
3. 为什么教学目标是适合这些学生的?
4. 这些目标是怎样来支持语文课程以及内容标准的?
5. 达成教学目标,学生面对的主要困难是什么?你打算怎样去克服这些困难?
6. 你计划怎样调动学生参与到教学中,你怎样做?学生怎样做?

7. 你上课需要用到哪些教学资源(列举)?

8. 你打算怎样去评价学生?你用的评价程序和方法是什么?

9. 你对评价结果将如何处理?

**任务 1**:开展共同备课。

**任务 2**:撰写备课反思。

**任务 3**:进行试教和研讨。

# 如何进行有效的散文教学设计
## ——《胡同文化》共同备课的启示

### 教学现状描述

#### 一、教学概况

课例综述显示,目前本课的教学目标及主要教学内容如下:

**(一) 教学目标设计**

1. 概括胡同文化的内涵,探究胡同文化深刻的历史成因。
2. 体会作者对胡同文化的情感。
3. 品味课文的语言特色,学习作者用朴素的语言叙事抒情的手法。
4. 训练筛选信息、概括信息的能力(理清思路、概括要点)。

具体包括以下内容:

1. 培养学生全新的思维方式(善于透过现象看到隐含的文化因素)。
2. 理解汪曾祺散文的特点。
3. 培养学生对传统文化的深情,强化爱国主义教育,培养学生批判意识。
4. 培养学生对文化的感悟能力,提高学生的文化品位。
5. 学习序言的知识,理解序言的写法。
6. 感受文章语言体现的文化气息,在生活中积累学习语言。
7. 引导学生关注日常生活中的文化现象,认识文化,引导学生考察本校文化,获得关于文化的直观认识。

8. 透过胡同文化认识北京人乃至中国人的共同心态。

9. 认识居住环境、居住方式与市民文化的关系。

**(二) 评议**

1. 教学目标的确定是否合宜？这其中有许多目标是非语文的,例如培养思维方式、批判意识,认识文化、了解中国人心态,认识居住方式与市民文化之间的关系。还有些目标是非文学的,例如概括胡同文化内涵及成因等。只有少数目标是属于语文的,例如体会作者对胡同文化的情感,品味课文的语言特色,学习作者用朴素的语言叙事抒情的手法。

2. 教学目标与教学内容是否匹配？

3. 教学过程能否有效达成教学目标？

### 热身活动

阅读本专题之前,请先完成下列热身运动。

细读《胡同文化》,思考并尝试回答下面的问题,然后将备课成果填入下面的教案模板中。

1. 你怎么看《胡同文化》的体裁,是科学论文、科学小品、文学性散文、文化散文、议论性散文,抑或其他？

2. 有人说,《胡同文化》既是一篇漫谈北京胡同逸闻趣事兼及京城市民文化心态的议论散文,又是一篇将针砭锋芒藏于风趣诙谐的随意而谈之中的文化随笔。你是如何理解这个观点的？

3. 汪曾祺的语言风格是怎样的？王安忆这样评论汪曾祺的语言：拆开来看,每一句都很平淡,放在一起,就很有味道。汪曾祺很讲究文字,但这种讲究却没有斧凿痕迹,没有堆砌的毛病,他追求准确、简洁,崇尚朴实、平淡,在意境和韵味上下功夫。《胡同文化》的语言能够体现这种特点吗？

4. 许多教师把"通过品味语言,体会作者的复杂情感"作为主要的教学目标。请思考,作者复杂的情感是指什么？品味语言具体是指什么？指文本的哪些地方？你是如何品味语言的？又打算如何引导学生品味？

请将备课成果填入下面的模板。

| 教学目标和内容 | 教师的活动 | 学生的活动 |
|---|---|---|
| 目标一 | | |
| 内容一 | | |
| 目标二 | | |
| 内容二 | | |
| 目标三 | | |
| 内容三 | | |

**备课进程**

### 《胡同文化》共同备课

**场景简介**：下面是上海师范大学承办的 2011 年"国培计划"全国高中语文骨干教师示范项目中的一次共同备课，参与者包括 7 位教师，他们是来自全国各地的高中语文骨干教师，都具有中学高级以上职称；还有来自语文课程与教学论专业的 2 位合作专家——孙慧玲博士（上海市闵行教科所）、步进博士（江苏师范大学）

**合作专家 1（孙慧玲博士，以下简称"专家 1"）**：今天是我们第一次共同备课，备课的篇目是《胡同文化》。今天下午预计时间一共是 3 个小时，2 点到 5 点，其中我们讨论的时间是 2 点到 4 点半。刚才我拿了一张大白纸过来，我们讨论的成果要写在这张纸上面，我们讨论的教学目标、教学内容、教学流程，一步一步怎么走，最后要呈现在这张纸上。下面请我们的组长陈老师来主持。

**师 1**：好的，上午王荣生教授说，备课要"依体式，定终点；缘学情，明起点；中间搭 2—3 个台阶"，我们可以按照这样的思路来备课。我想我们在确定具体

【观察者点评】你能理解这是怎样一种备课思路吗？如果暂时不理解也没有关系，随着备课进程的展开，你一定会明白

的教学目标、教学重难点、教学内容、教学步骤之前,先来研究一下《胡同文化》这篇散文到底在体式上具有怎样的特点?我想大家第一个阶段讨论对体式的理解,请各位老师先谈谈自己的看法。

**合作专家2(步进博士,以下简称"专家2"):** 我先补充一点,因为今天我们是第一次共同备课。我主要谈我们这种形式的共同备课怎么定位的问题,或者说我们通过共同备课想要达到什么样的目的。我理解应该有三个目的:

第一个目的,关注备课的对象,这又包括两个方面:一、就一篇课文的核心教学内容,我们能够形成一个大致相同的看法和认识。二、在备课的过程中,我们应该能够发现一些有价值的问题,这些问题不仅是这一篇课文教学设计本身的问题,而且是由备这一篇课文所生发出来的关于整个语文教学的问题。所以,如果我们到最后都不能对一篇课文的教学设计达成共识,没有一致的结论和判断,尤其是不能形成一个共识的、成熟的教案,大家也不要奇怪。

第二个目的,关注备课的过程,在这种备课过程中,感受、体验我们是如何备课的,也就是反思我们的备课状态。

第三个目的,关注备课的主体,我们老师通过这种备课能够提高自己的问题意识、反思能力,为提升自己的教学设计能力搭台阶。我特别强调这个"问题意识",因为我认为它是一个主要目的,而前两个是附属目的。

总之,我们这种共同备课,和中学教研组惯常的那种集体备课是有很大差异的,主要是一种研究性备课,不是操作性备课。这三个目的我们尽量去实现它、达到它,当然,能否实现还取决于我们小组成员是否坦诚相见,营造一种和谐的对话氛围,知无不言、言无不尽、畅所欲言的碰撞,这是非常关键的,否则就容易流于形式。所以在这里没有权威,没有话语霸权,这里有的就是大家思想的自由碰撞。我希望有这样的备课氛围,这是我们备课成功与否的前提和保障。

**师1:** 我来抛砖引玉,谈谈自己读这篇文章的过程以及看法。这篇《胡同文化》,我以前备到过,把这个文章从头到尾看了几遍,大致上有了自己的一点看法。有人问《胡同文化》这个题目怎么理解,是胡同本身的文化,还是胡同这种居住方式带来的市民心态,抑或是市民的一种性格特点?我想这个问题的答案应该是最后一种。文章从开头一直到第五个自然段,作者在讲胡同的几个特点，首先讲到胡同的方方正正这个特点；然后又讲到胡同的取名，我们现在很多的街巷取名都是大人物，但是胡同的取名好像是一些小人物，这是一个特点；接下来就是胡同的宽窄、大小介绍，还有胡同的另一特点——很近、很远，这似乎是比较矛盾的一个说法，其实很近可以理解为方便，很远指的是安静。下面第五段有一个过渡的性质，胡同四合院是"北京市民的居住方式，也是北京市民的文化形态"，这句话从居住方式到文化形态，我觉得是点出了两个关键词，上面讲到胡同以及四合院的居住方式，后面接下来就是文化的形态，而文化的形态是由居住方式形成的。接下来比较清楚，胡同文化是一种封闭的文化，而胡同是理想的住家等等。作者也写到有些时候街坊邻居相处，但是除此以外"各人自扫门前雪，休管他人瓦上霜"这些内容。我觉得这些是北京人那种特有的因为胡同的那种居住环境造成的文化心理。因为我查了一下这篇文章的背景，它是摄影集《胡同之没》的序言，胡同之没，就是说胡同渐渐淡出人们的视野，对此，作者自然是伤感，而后面的"再见吧，胡同"，则表达了比较豁达的情感。

我认为这篇文章大致有三个部分的内容：第一是讲胡同的特点；第二是所谓胡同文化到底是怎样的内涵；第三是对于胡同淡出人们的视野或者渐渐消失我们怎么看，以及作者要表达的是怎样的情感。这是表达作者独到的情感体验的一篇散文。

我原来是这样备课的。第一，文章体式。作者对于城市改造中必然会遇到古迹消失的现状表达了真实的情感：又伤感、又豁达，引发我们对自己的精神家园消失的深层思考。学生练笔当中、作文当中经常会写到这样的事情，我的老家没了，回忆过去居住的所在，表达一种情感。这种思想上的可以跟作者形成共鸣的基础是有的，我想这个是它内容上的一个特点。第二，文章的层次比较清晰，后来讲到的一些特点以及文化的内容，这些内容也比较清晰。第三，汪曾祺独特的语言风格，京味的语言，口语化，写得非常自然，非常直白，语言风格我们要去品味。

然后学生的一些学习难点，我慢慢看下来，语言上面没有什么太大的难处。开头说的大豆腐，我是农村的，大豆腐刚刚做出来是一整块的，倒出来的时候它上面甚至有格子，这种豆腐学生是没有看到过的，学生看到的就是市场上卖的那种豆腐，完全不是那个概念，学生对大豆腐的理解肯定是不到位的，不是汪曾祺讲的做出来的大豆腐，这可能是一个难点。

作者对胡同文化的内涵大多数是持批评态度的,刚才讲到的封闭、不大来往,还有忍、冷眼旁观,总的看来作者是持一种贬的态度,但是他写起来好像不厌其烦、津津有味的样子,也有一点赞扬的意味。到底怎么看作者的情感？对于胡同古建筑的消失,因为城市改造,新的高楼大厦建造起来,新的城市要建设起来,学生们到底怎么看？

【观察者点评】你怎么看这三个目标？

我设计了这样一些教学目标：**第一,探求人们对城市改造中旧建筑消失的态度,树立向前看的豁达情怀。第二,认识文化的产生规律,结合胡同文化具体的居住环境因素,探求其产生的原因,增强对家乡的热爱之情。第三,学会欣赏汪曾祺语言的独特风格。**我想就一节课,大致上提这样几个问题：第一,学生自由阅读课文,然后圈出描写北京胡同特点的词语；提问住在这样胡同中的北京人有怎样的性格特点,由此过渡到第二部分文化和文化形态。第二,为什么这样的居住方式会影响形成这样的文化形态,你的家乡有哪些典型的文化形态？你认为这样的形态是怎么形成的？第三,你对现在的这种文化形态满意吗？如果不满意,想如何改变自己的生活方式呢？

我想最后引到旧城改造方面。旧的生活方式受旧的文化形态影响,我们要改变文化方式,改变我们的文化形态,可能在生活方式上也会改变,但我们要理解旧城改造。现在到处都是旧城改造,老家也被拆了,我要问学生,你对此是怎么看的？作者汪曾祺是怎么看的？读汪曾祺的文章你最大的感触是什么？你认为这样的语言表达好吗？为什么？请你找出课文中的一句话,体会其具体的表达效果。

今天上午听了王教授的讲座以后,我又有一种新的看法,阅读散文是享受散文作家的独特的生活体验,既然是享受的话,这个课应该是教学生享受,让学生去享受。回顾过去自己备的教案,让学生真正去享受的地方好像不多,这可能是我们平常习惯的、比较理性的一种教学风格。要让学生真正体会到北京人的那种文化特点,可能要真正走进去,而这一点我平常做得不好。我就说这一些,请大家来补充,或者谈自己的一些看法。

【要点评议】
　　第一位教师设计的三个教学目标，前两个目标明显"往外跑"，跑到文本之外的言说对象上去，第三个目标是比较合宜的，首先，它是语文教学的目标；其次，它是符合这篇散文体式的目标。学习汪曾祺的语言风格是教学的重点，这一点所有老师们都无异议，奇怪的是，这一位教师明明对文本作了细致的解读，解读结论和教学设计的差距为何如此之大？

**专家 2**：王老师用的是"享受"这个词吗？

**师 1**：是"分享"，分享个人的体验。

**专家 2**："分享"这个词我也表示认同。

**师 1**：我们是不是要走近作者的心理，如果是这样的话我们做得肯定是不够的。

**专家 1**：先要看看作者他自己在这篇文章中有什么感情，而不是我们生发出来哪些东西。

**专家 2**：如果是"享受"比较难，"享受"实际上是感同身受，就是让少年人有中年人"听雨"的感受，这个基本达不到，我们也教不会的。我们可以告诉学生这篇散文有作者独到的体验，作者独到的体验是这样的，作者独特的体验你认同吗？你认同，为什么？你不认同，又为什么？这是否就是王荣生教授讲的"分享作者在日常生活中感悟的人生经验"？

**师 1**：他说散文是作家分享他个人独特的体验，这篇课文是散文。

【要点提炼】这里这位老师对散文的特点理解有误，或者表述有误，应该是，阅读散文是读者和作家分享他个人独特的体验。

**师 2**：我来谈谈吧！《胡同文化》这篇课文其实我只上过一次，2003 年的时候我上过一次，然后就一直没有再接触这篇课文了。我自己讲过一次，也听过一次，2004 年的时候我参加过一个语文竞赛，另一个老师上《胡同文化》，获得一等奖第一名，他是怎么上的呢？他大概花了 1/3 的时间在课本上，他说胡同怎么样，文化怎么样，之后从课文跳跃到了我们现实生活当中，讲到了种种的文化，那时候觉得他这堂课很大气，有很丰富的知识量，我们如果从现在新课程眼光来看，他是脱离文本了，没有深入到文本里面去。

今天上午王老师的讲座中讲到,对于现当代散文的把握就是"独抒心迹"。他讲到两点,所谓独抒心迹,一个就是精准的语言;另一个是和作者分享独特的感受。我觉得不需要面面俱到去讲课文中胡同的特点、胡同文化的特点,我觉得这么多的内容,一节课学生没办法接受,不要说分享,我觉得接受都很困难,40分钟时间学这么长一篇文章,你要理解胡同的特点、胡同文化的特点,然后让他们有体验、分享,这个密度太大了。所以我在想,这篇文章从语言上来看是很有特色的,所以我们去体验他的一些体验,比如说第二部分他对胡同文化特点的剖析,"封闭的"、"安土重迁"、"处街坊"、"随一点份子"、"嘿"、"我认识当过差的"、"爱瞧热闹"、"忍"、"安分守己"、"睡不着眯着",这些语言都是很有特色的,能够代表北京京味文化的一些东西。独特的感受就在文章最后的三个自然段里面,为什么对于这种城市文明的建设,作者没有一种很大的欣喜,却有一种怅然的感觉,这就是作者在这篇文章里面向我们传达的自己的独特感受,这是需要我们随着作者一起去感受的心态。把握文章就是把握这两点,要突出重点,一是精准的语言,二是独特的感受。

【观察者点评】你也是这样认为吗?

**专家1**:蒋老师,我想问一下,关于精准的语言,你举的几个例子都是北京人自己说的话,我在想如果不是汪曾祺来写这篇文章,换一个人的话,他写的语言会不会也是这个样子?

**师2**:那不会的。

**专家1**:我的看法和你正好相反,不管是汪曾祺来写这篇文章,写北京人的语言,还是另外一个作家来写北京人的语言,可能都是"嘿"、"随一点份子"等,另外一个作家来写也是这种语调,北京人就是这样说话的,如果想把北京人的语言特色逼真地呈现出来,可能都是这个样子。

**师1**:这些不是汪曾祺的语言特点,而是北京人的语言特点。

**师2**:这个我倒是没有想到。

【要点提炼】应该这样理解:汪曾祺的散文大量采用地道的北京方言,形成独特的口语化的语言风格,也被称为"京味语言"。

共同备课工作坊

专家1：我同意你说的要教汪曾祺精准的语言，但是你的例子举的不是汪曾祺语言特点的例子，应该举课文其他的例子来呈现汪曾祺的精准语言。另外还要教学生体会汪曾祺对胡同的情感。其实汪曾祺对胡同文化的情感，我们一般老师来讲，都会引导学生看最后一段，"看看胡同的照片，不禁使人产生怀旧情绪，甚至有些伤感"，但是我想在这里提醒各位老师，这个"人"到底是汪曾祺本人，还是看照片的人？这个感情到底是汪曾祺的感情，还是普通人都能引起的一种感情？汪曾祺对胡同文化的感情到底是伤感呢，还是怀旧呢，还是本身就没有这些感情？

【要点评议】
　　这位老师谈到文本解读的两个关注点，一是本文中汪曾祺的语言特点，认为体现京味文化的特点，这就是本文语言的独特性，但是对这种独特性未作深入阐述，只是举到几个例子。合作专家提出异议，认为北京人的语言不等于汪曾祺的语言特点。二是作者独特的感受，合作专家孙博士顺势引起话题——"作者独特的感受"是什么？

专家2：其实刚才两位老师都提到了两个关键词——语言和情感，它们是关联的、一体的。但是这样讲太空了，依据文本的体式，任何的散文都是这样的关键词，现在要具体化、个性化。第一是语言，这篇文章具有怎样的语言特点；第二是情感，刚才陈老师讲，情感是比较复杂的，汪曾祺的情感主要是贬，贬中还有褒扬，还有叹惋，所以汪曾祺的情感到底是怎样的一种情感，语言是怎样的语言，这都是需要推敲的。然后教学生能够通过这种语言来体味这些情感，有他们的认同，这就是我们讲的"分享"。是不是应该这样来考虑？

师1：刚才孙老师讲到伤感，我想包括汪曾祺在内，也不单单他一个人感到伤感，每个人看到照片都会有这样的一种感情。

专家1：所以我们要探讨汪曾祺的感情，不能只看这一段，要看他整篇文章，整篇文章呈现的对胡同文化的感情，其实有的时候他好像有点赞扬的感觉，有的时候有点贬抑的感觉，不管他喜欢不喜欢北京文化，这种文化都客观存在着，那么作者对于北京文化，究竟是一种客观呈现还是主观喜欢，抑或是讨厌的感情？

**专家2**：或者这样讲，"情感是什么"是一方面，"情感怎么表现出来"是第二个方面，我觉得要思考第二个问题，情感是怎么写出来的，就是这篇文章写了什么，作者怎么写的。语文教学目标中，"写什么"和"怎样写"哪一个更重要，始终是需要注意的问题，当然"怎么写"和"写了什么"实际上是统一的，就像内容和形式是统一的，但是我们在备课和教学的时候，可以从这两个角度切入去思考进入文本、确定教学内容、进行教学设计，比如说陈老师讲的写了胡同的特点、胡同文化怎么样，作者情感是什么，写了三点。教学环节设计也是这样，先让学生把握这篇文章写了什么，就是文章的内容是什么。刚才蒋老师提到独特的语言风格，这就是讲作者怎么写这个问题，这两方面实际上是不能分割的，但是我们备课的时候可以将它们作为两个切入点去思考。

还有，我非常赞同蒋老师对那节公开课的评价，公开课肯定有评课的标准，依照蒋老师说的情况我做一个基本判断，那节课肯定不是从教学内容的角度来评课的，肯定不是把教学内容的合宜与否作为最重要的标准来评课的，否则不可能获一等奖。在我看来那节课是不及格的。那么这反映出一个什么问题？反映出他不是在教《胡同文化》这篇课文，他是在教由胡同文化引发的"外在的言说对象"，已经跑到文本之外去了。

**师1**：以它为例子引出来的。

**专家1**：把这篇课文作为一个引子，由北京的文化引到全国的文化，然后再教那些文化。

**专家2**：那就不一定要教这篇文章了，这篇文章的价值就体现不出来了。

**专家1**：听另外几位老师再说一说。

**师3**：我也是2004年刚参加工作的时候有些许印象，上过这篇《胡同文化》，当时的处理也是这样的，就是从分析北京胡同的形、名、大小、数量、环境入手，然后归结到胡同文化，进而再去把握作者汪曾祺先生对于胡同或者说胡同文化的这种情感。我确实也像蒋老师提到的那位老师一样，展示了很多的图片资料，开课前利用课间时间给学生看一些资料，课后找了很多图片资料，上课的时候给他们展现。我们都是江南人，完全体会不到胡同文化的意蕴，更多感受到的还是里弄文化。课后我又截取了一段王安忆写的《长恨歌》中开头篇章写上海里弄的文章去比较，试着去拓展，现在想想，我在散文教学中扎扎实实去解读文本的功夫确实做得不够。

**专家2**：我们以前的共同备课经常争论得很厉害，如果争不起来反倒没有效果了。

**师3**：但是最终的目的是学生到底能够学到多少。

**专家1**：应该让学生学什么东西。

**专家2**：应该让学生有一点共识，依据学情选择教学内容，教的一定是学生自己读不出来的，这是肯定的。

**师3**：至于采取何种方式来教，那是后面要考虑的。

**专家2**：对，我认为是备课的第二步。

【要点提炼】备课，从分析的角度讲，分为两步——文本解读和教学设计。有证据表明，老师们备课的实际思维状态是将这两步混在一起的，混在一起考虑也未尝不能备好课，现在的问题是，文本解读没做好，就急于开始教学设计。

**师4**：根据体式，这应该是一篇散文，根据王荣生老师的说法，散文抒发作者独特的感情，那么汪曾祺先生对胡同文化到底要表达怎样的情感？刚才陈老师也提到，他在这个当中的情感是很复杂的，不是单一的，不是简单的一种怀旧或伤感，其实既有赞扬也有一种批判，是一种复杂情绪的体现。我的思考是，如何让学生去体会这种复杂的情感，鉴于此，我设计了一个教学环节。我将最后一句话作为切入口，就是"再见吧，胡同"，因为本文是摄影集的一个序言，摄影的人为什么要拍摄这些胡同，因为它消失了，这必定会融入个人的情感，这个"再见吧，胡同"，就这一句话融合了作者非常复杂的情感。在这个环节当中，我想需要唤起学生的体验。我想先不去讲胡同，从学生的平常生活中最热爱的最喜欢的东西说起，当你最热爱、最喜欢的事物离你而去，你说"再见吧"的时候，会是一种什么情感？这个经验唤起之后，回过头去再来体会，让学生来看作者汪曾祺先生要表达的是一种什么样的情感，这种情感我想探讨下来应该是复杂的。以学情定起点的话，原来设置的教学目标当中，了解胡同以及胡同文化的特点，这不

【观察者点评】你同意吗？

**是教学的重点，学生读后一目了然，如果深究这点的话，这一堂课肯定偏离主题了。文章关键是作者的情感，在情感的研究过程当中，其实可以结合作者语言的风格特点来把握。** 刚才蒋老师提到的一些词，也是我们可以作为理解的方向。刚才蒋老师提到"虾米皮熬白菜，嘿"，这个"嘿"字非常生动，很形象地体现了北京人的一种知足常乐、易于满足的特点，这一点"嘿"字就表现得淋漓尽致。后面还有一句话是"北京人，真有你的"，在这个句子当中包含了汪曾祺先生怎样的一种情感，当他说到"睡不着眯着，这话实在太精彩了"，用了一个感叹号；"睡不着，别烦躁，别起急，眯着。北京人，真有你的！"，这又是一种怎样的情感在里面。**通过这些语言，我觉得可不可以理解为是通过这些富于京味的语言去把握作者的情感。** 我想后面可以让学生去探究，作者这种情感到底是什么。另外，一到五段中，汪曾祺先生对北京的胡同可以说是如数家珍，为什么会这么熟悉呢？这又是人的情感在起作用，这点是不是也可以探讨一下。我想从体式入手，来探究散文作者的情感内涵，这是我的思考，有的内容可以深入。另外我想到的是，汪曾祺先生前面讲了胡同文化的特点之后，后面提到胡同文化的"精义"是"忍"，为什么在所有的特点当中他要突出的就是"忍"字，为什么这个"忍"字成为了胡同文化的"精义"，而不是其他的特点，是不是有他的一种情感在其中，这是我想到的另外一个问题。同时，作为胡同文化"精义"的"忍"仅仅是北京市民的心态吗？这不也是我们民族的心态吗？我不知道做这个拓展是不是合理，请大家探讨。

最后，我想到的是，基于上面的探讨，我们在把握感情之后，涉及的另外一个环节就是，我们在这样的情感分析当中，"再见吧，胡同"，它更深层的含义，或者说作者更深层次的情感是怎样的？结合倒数第二段，我们所面对的情感可能不仅仅只是这个胡同的消失，里面是否有汪曾祺先生对这种文化的思考，对这种文化的一种态度？所以我想到的另外一点是，我们当前现实当中有很多的文化在消失，我们应该如何去面对？以上是我对这篇文章教学的想法，请大家指教，谢谢！

> 【观察者点评】你觉得这算不算有效的"品味语言"？

【反思】
1. 这位老师教学设计中主要"想教什么"?
2. 这位老师的教学方法又是怎样设计的?
3. 为什么要从"再见吧,胡同"这句话的理解切入?
4. 他认为这篇课文的教学难点在哪里?

**师5**:我也想到这一点,作品中前面写了北京的细节,包括语言、遛鸟,还有"喝两个",还有"睡不着,眯着",我觉得还是体现作者对北京人生活、语言各方面的熟悉,他对这种文化形态非常熟悉,在北京生活了很多年,所以描写得很细致,现在因为这个胡同要消失,代表的文化形态也要消失,面对它的离去,作者自然感到一种伤感。另外后面有一句话,"在商品大潮的席卷下",昨天我看到汪曾祺的简介,汪曾祺这个人比较喜欢清静、清淡,写商品大潮的时候,后面用了一个"席卷",对"商品大潮"实际上有点排斥的情绪在里面。前面的四个段落,我觉得可以略讲一讲,后面的文化形态特点,我觉得应该是让学生熟悉的,否则后面没有支撑点,太过淡化肯定不行。

**师4**:内容肯定都要讲,但是不作为重点,学生还是能够找得出来的。

**师6**:其实拿到这篇文章我感觉刚开始是比较迷茫的,这篇文章我真的不知道该教什么。刚刚我们反复地讲,教散文是要分享作者独特的感受,我在想对于这篇文章的教学,第一点就是归纳胡同的特点、胡同文化的特点,对学生能力上的锻炼,可能就是筛选信息,培养他们从文章当中找到有效信息的能力,而在筛选信息的过程当中,我们就可以穿插对语言的品味,我觉得这两个环节是可以交融在一起的。

我们平常的散文教学,或者是其他文体的教学,可能我比较功利,到最后都指向写作方面。为什么汪曾祺对胡同以及胡同文化的消失有独特的感受?那就是因为他自己有对生活的一种观察,因此我也引导学生对生活当中的事物多加观察,积累素材。汪曾祺的语言,京味确实是非常独特的,包括老舍他的文章当中也有这样的一种京味的特色,但是整体来讲,汪曾祺的这一篇文章,语言第一是比较随意的,第二是比较散漫的,平淡当中能够看到珍奇的语言,这一点也可以引导学生在写作时借鉴模仿。

【要点评议】
教师4是从教学过程的角度来谈的,他认为文章关键是作者的情感,教学内容是结合作者语言的风格特点来把握作者的情感。这种认识是正确的,也是能够达成共识的。他将汪曾祺的语言概括为京味的语言,对语言的品读也比较细致,能够抓住关键句、关键词语来解读。教师6设计的目标,一是筛选信息,培养学生筛选信息的能力;二是在筛选信息的过程当中,穿插对京味十足的语言的品味。筛选信息是实用文的读法,第一个目标明显有问题,但他也赞同品味语言,而且也认同京味语言的说法。

师7:我来谈谈,今天中午为了下午的讨论,我将这篇文章又看了一遍,刚才又看了一遍,这篇课文我上过一次,后来就没有印象了。这里我讲五个"定"字。

第一是定体。刚才大家都讲到定体,它实际上是一篇文化散文,文化散文表达上还有一个特点,一到三段是以说明为主,四段之后实际上也是说明,但是散文色彩更加浓厚了,主要还有叙事的色彩。

第二是定性。定什么性呢?定内容,前面是讲说明的内容,说明北京的胡同,下面讲的是北京的胡同文化。刚才老师有一点都没有提到,它实际上是底层文化,正因为是底层问题,所以语言带有很强的北京地方文化色彩,这在文化取舍上,是作者独特的一面,后面的语言都是口语化的,因为作者把它定位成底层的文化。

【观察者点评】作品的写作内容能决定作家的语言风格吗?

【反思】
这位老师讲的"文化散文"是怎样的一种散文?你是如何理解"文化散文"的?学术界又是怎样界定"文化散文"的?

第三就是定情。散文里面它是有情的,这是一种什么情,也是大家提到的,不需要多讲。

第四点就是定学。当我们了解了这些东西之后,怎么教给学生,哪些学生知道,哪些学生体会不到,需要我们的取舍。前面北京胡同的特点学生看得清楚,但是有一点是看不到的,人名里面,什么哑巴胡同,包括作者的一种文化取向,学生是看不出来的。我们应该跟学生讲,正因为有这样的文化取向,后面的文章才写得如此生动形象。还有的学生对于文化的体验可能是讲不出来的。刚才华老师谈得很好,我们一定要抓住词语,让学生去体会北京文化,无论这种文化是好还是坏,它有进步的一面,还有封闭的一面,比如易于满足,但是词语里面体现了作者对北京文化的态度,比如"街坊"、"随份子"、"喝两个",为什么叫"个",包括后面讲到的"熬白菜"有什么好的,但是他却讲得非常好,这就是北京人底层文化的心态,讲得非常精准。通过语言的感知让学生体会到,实际上北京人易于满足、要求不高,有一个很大的局限性,但是局限性里面表现得那么舒展和乐观,这就是北京文化的特征,比如北京文化的精义是"忍",华老师讲了很多东西,这些东西可能是学生体会不到的,我们一定要讲出来。还有最后一段提到的,作者对胡同消失总体的情感在哪里,我们的学生已经讲到了,但是刚才有位老师讲的"席卷",这个词讲得很好,可能是学生体会不到的。

最后是定序。定序就是学习的过程,即我们用什么样的方法让学生掌握和体会。第一,让学生浏览,比如北京的底层文化,胡同是什么东西,学生一看就清楚。第二,文化有哪些特点,让学生知道这些东西,但是我们不必要花太多时间。比如一到三段里讲不清楚的,学生体会不到的那种情感,我们是不是可以用体验的方式,用对比、类比的方式触发学生的情感。后面的文化特征让学生通过阅读把京味读出来。还有文中写到的小说中的对话,让学生用阅读的方式,体会到精义是"忍",怎么个忍法。还有文中两个同志说的:"叫他认错?门儿也没有!忍着吧!"用这种读的方式来体验。前面的内容老师要引出来,然后下面是拓展,有文化消失的情感,我想这基本上能够把汪曾祺这篇文章讲清楚。我讲五定:定体、定性、定情、定学、定序。

**专家1**:刚刚提到定体,各位老师有没有定下来,我们这篇文章到底是什么体式的文章?

**师4**:它不是抒情散文,应该是文化散文。

**师7**:但是作者写得很有抒情味的,他运用的是抒情的方式。

**师4**：散文主要抒发作者自己一种独特的生活体验、感受。

**专家2**：我认为文化散文和抒情散文并不是按一个标准划分的散文文体。

**师7**：它有一个特点，独特的感悟和情感，这都是一致的，只是载体不一样。

**师4**：当然还有哲理散文、抒情散文、叙事散文，这是一个标准的划分，这是以文章的表达方式这个维度划分的。

**师7**：这个文章里独特的东西是什么，这一定要看底层文化，所以他的语言有这个特点。

**专家1**：我听各位老师都讲得很有道理，但我有一个问题要提一下：大家都认为这篇文章是散文，很多老师提到胡同和胡同文化的教学，然后从胡同文化引申到和其他地区文化的一种比较，还有的让学生去体会当地的文化特色。既然是散文，散文可以教哪些内容？这是我们老师要思考的问题。

**专家2**：刚刚我们已经达成了一个共识，它不是抒情散文，不是抒情散文就不用刻意教情感。

**师5**：文化散文和抒情散文是交叉的概念，文化散文可以抒情的。

**专家2**：我理解的"文化散文"是90年代以后诞生的一种散文品类，罗老师讲的是否也是指这种散文？并不是说只要写到历史文化的都叫"文化散文"。这种散文不是主情的，是主思的，它的特点是理性大于感性，更多的是对历史文化作深层次的思考，这种思考更多的是理性的认识，所以我说如果本文是文化散文的话，主要不是教情感。我不太同意你的一点是，硬抠他到底表达一种什么样的情感可能意义不大，这可能是确定核心教学内容绕不开的一个落脚点，但它不是核心教学内容，这篇文章作者表达什么感情，我们仅

【要点提炼】文化散文，又叫大散文、学者散文，是指20世纪90年代初兴起的一个散文品种，特点是注重作品的文化含量，往往取材于具有一定历史文化内涵的自然事物和人文景观，或通过一些景、物、人、事探究一种历史文化精神。汪曾祺写老北京的一些散文虽然也具有"文化散文"的一些特点，但因为格局较小，缺乏"文化散文"作为一种"大散文"所应有的艺术气魄和文体特质。如果合作专家和学员对"文化散文"的理解不一致，那二者之间可能就很难进行真正有效的对话。

仅把这个搞懂，并不是教学目标的全部。

师5：我觉得感情要搞明白。

专家2：这种感情大家不是已经讲得很清楚了吗？

师5：那什么才是教学目标？

专家2：文中作者如何表达感情。我觉得汪曾祺对北京胡同文化是一种顺其自然的感觉，为什么呢？因为汪曾祺并没有采取一种抒情的言说方式，而是一种比较客观的呈现和刻画，换言之，作者并没有直接而强烈的抒情，比如对胡同文化，他虽然写得很逼真、生动、形象，但并没有从主观上评价这种文化是好还是不好，所以很难说汪曾祺对这种文化是褒还是贬，他只是客观地把这种文化呈现出来，就好像在对读者说，你看，北京的胡同和胡同文化就是这个样子。

> 汪曾祺对胡同文化所代表的北京文化有着深刻的理解和认识，否则，他就无从写出这样一篇尽传胡同之神的文章。对于行将没落的胡同文化，汪曾祺似乎并无意褒贬，只是冷静客观地描述，他既无意写一支赞歌，也无意谱一曲挽歌，他只是忠实地、真诚地用自己的笔，写出胡同文化的灵魂。[参见王翠艳.胡同灵魂的写真——读汪曾祺散文《胡同文化》[J].名作欣赏，2008(8).]

师7：你讲的"顺其自然"有一点道理，但是我不同意你的观点。当你把一样东西呈现出来的时候，肯定要叙事，如何顺其自然，肯定要有情感才能展开。

师2：我觉得用"顺其自然"、"客观呈现"比较好，其实从文章前面也看不出是褒还是贬，只是客观的描述。

师5：我觉得汪曾祺对北京是有感情的。

师7：《九月骄阳》写的语言也是白描，白描是最高境界，但是不能说没有情感在里面。

专家2：对文化的情感是顺其自然。

师7：越顺其自然、越客观，应该说情感越深。

专家2：我同意孙老师的观点，"但是这是无可奈何的事，在商品经济大潮的席卷下，胡同和胡同文化总有一天会消失的"，作者认为这些事情总会被雨打风吹去，或者我们用一个词叫"基调"，我认为"顺其自然"能够解释。前面更多的是客观的描述，客观的描述也不可能不带作者情感，但这种情感本身是很隐晦的,所以才会让我们读起来觉得很矛盾,就像刚才大家都用了一个词"很复杂",但是作者的感情基调是,过去的就让它过去吧!无所谓,总会消失的,再见吧! 表现了一种豁达的情怀。所以我刚才说,<mark>仅仅去挖掘这篇文章作者表达什么情感,并不是教学目标的全部</mark>,意思是说,作品通过客观呈现与刻画,才使得作者的情感变得隐晦,或者像大家说的"复杂",二者是相关联的,而作品如何客观呈现与刻画,更是确定教学目标必须考虑的因素。

【观察者点评】你赞同吗?

**师7**:如果从头到尾都将情感一以贯之的话,可以跟"怅"字有关系。

**师1**:我刚才看了一下倒数第二段,这里有一个"但是",看看这些胡同的照片,不禁使人产生怀旧情绪,但是这是无可奈何的事,作者最后还是回到现实中来,接受这个现实,所以说,"胡同和胡同文化总有一天会消失的"之中这个"总"字就蕴含这样的含义。

【要点评议】
大家热衷于讨论汪曾祺对胡同文化是怎样的感情,其实更重要的应该是通过阅读文本的哪些地方才能更好地体会出汪曾祺的情感,应该是从文本的什么地方读出什么感受来,所以说,纠缠汪曾祺到底表达一种什么样的情感意义不大。专家认为本文的写法不是一种抒发情感的描述,而是一种客观的呈现和刻画,文中许多带有情感色彩的词语只是一种心理的刻画,而不是为了去感染别人,所以说在这篇散文中汪曾祺对胡同文化无意褒贬。两位专家都试图将备课的重点往这个方向上引导,但显然老师们并不完全理解和赞同。

**专家2**:我还有一个理论依据,也是依据体式,罗老师说这是一篇文化散文,我说它很像文化散文,它还具有实用文的特点。刚才罗老师也提到前面五段有说明的性质,就是因为本文具有这样的特点,所以教学目标主要不是体会作者的情感,情感不是核心的教学内容。我同意刚才几位老师提到的——品味语言。

专家1：或者说，我们要搞清楚感情是什么，只是分目标，不是主目标。

专家2：情感都是通过语言来表达的，比如罗老师讲白描，学生就体会不出来。我看到过这样的课例，这段话表达什么情感？学生讲，老师说讲得不对，然后老师把自己的答案说了，学生懂了吗？学生就能体会出来了吗？学生和老师的两个答案根本没有碰撞，学生拿来另外一篇文章还是不会读，这两个活动没有碰撞，这样的教学活动我们说是低效的，简单一点说，老师把答案告诉了学生，至于老师是怎么体会出来的，课例中教师并没有告诉学生。

师7：你觉得情感不是核心，那什么是核心？

专家2：语言！语言和情感是不能分离的，就是怎么写出这种情感的，我认为要教这个。

师7：品味语言的目的很重要。

师2：作者的语言里已经包含自己的情感了，语言是一种载体。

专家2：不如说语言是一种本体。龚老师认为通过哪几句、哪几段能够体会京味的语言，要把这个分析出来。刚才华老师分析的几个地方，我是赞同的，但也有个别地方可以再商榷。大家都在说京味语言，汪曾祺在《胡同文化》中表现出来的京味语言是怎样的，请通过课文当中具体的语段加以阐释或描述，假如出这样的一个题，我们怎样回答？可以讨论一下。刚才龚老师提出来的，京味语言老舍也有，肯定和汪曾祺的京味有不同。

  我来读一个我查到的资料，出自一篇硕士论文，老师们听一听，看能不能带来一些启发。文中说到，汪曾祺散文语言的独特性是"静美"：第一，王安忆曾经在一篇谈论汪曾祺创作的文章中说道："汪曾祺的作品总是最平凡的字眼，组成最平凡的句子，说一件最平凡的事情，他的语言也颇为老实，他几乎从不概括，而就是详详细细、认认真真地叙述过程，而且是很日常的过程。"第二，汪曾祺的散文和小说具有口语化的特点。汪曾祺口语化的语言更强调字与字之间的关系，注重文字排列组合在一起所产生的意韵语感，也许单抽他的某一个字、某一个词感觉很平淡、很一般，但组合在一起就会产生出一种耐人咀嚼的况味，韵味无穷、意境高远。汪曾祺的语言是一种"现代韵白"，他的语言当中少用修饰词，多用叙事性的

【观察者点评】想一想，这是什么意思？

词语,罗老师讲的白描,这个判断我是同意的。他的关联词也用得很好,比如,四合院是一个盒子,北京人理想的住房是"独门独院",北京人也很讲究"处街坊","远亲不如近邻"。再如,"但是平常日子,过往不多,除了有的街坊是棋友,'杀'一盘;……此外,'各人自扫门前雪,休管他人瓦上霜'"。如果把这些关联词拿掉,不光意思有问题,情感表达也有问题。品味语言需要从这样一些具体的字、词、句上去考虑。

**师6**:我觉得刚刚说的京味语言,首先京味带有北京的地方特色,包括他所说的一些东西可能都是北京独有的东西。

**专家2**:言说方式,也就是语言表达,和言说对象还是不一样的。

**师6**:就是带有地方特色。"大腌萝卜"、"小酱萝卜"、"臭豆腐滴几滴香油,可以待姑奶奶"。

**专家1**:写北京文化肯定要涉及这些有北京地方特色的东西。

**师7**:我们到上海就是大厦,石库门文化就了解不到了。

**师2**:深入到北京的骨髓里面。

**专家2**:你的意思我理解是,作为京味语言的特点,是要描写具有北京地标性质的东西。

**师6**:不是地标性质,就是它的这种特色,只有老北京独有的。

**师2**:是外地人所不能看到的一些东西。

**专家1**:我还是觉得这不是语言特色,而是选择的言说对象问题。

**师6**:我是说那个京味。

**师1**:你举的例子,北京的东西跟京味语言是两回事。

**师6**:(语塞)

**专家1**:比如说他写《葡萄月令》,他写的不是北京的东西,他不也是京味的语言吗?

**专家2**:我理解京味的语言,多用北京地方方言,比如说"姑奶奶"、"大腌萝卜"这样的词,这是京味语言的特色之一,是从用词的角度来讲的特色。

**师7**:还有语言特别的简练。北京的口语读的时候特别翘。

**专家2**:第一是语气词,第二是北京地方特色方言词汇的运用,第三就是"儿"话音,假如这三点都是,顺着这个思路往下看,京味语言还有哪些?刚才罗老师提的白描,白描能不能算语言?

**师7**:这是语言的特点。

**专家2**：这是一种创作的艺术手法。创作手法也属于语言，即言说方式。

**师7**：艺术手法下面有词语，白描比这个还要上位一点。

**专家1**：京味语言能不能概括汪曾祺散文的语言特点？学习本文汪曾祺散文的京味特点我是同意的，如果把汪曾祺的京味语言作为他散文的整体特点教给学生，我是不同意的。

> 【观察者点评】专家的意见也有不完全一致的时候。

**专家2**：这不好说，看你怎么界定这个"京味语言"了。

**师2**：步博士，你刚才不是说京味语言体现在语气词、方言词、儿化音，这些都是非常自然的。

**专家2**：我们用"京味语言"这个词对不对？现在我们聚焦这个问题上了。我们在发现问题，今天我们不一定能达成共识，但不要紧。我再读一个句子："西风残照，衰草离披，满目荒凉，毫无生气。"这是我们惯常理解的那种京味语言吗？这是一种现代韵白，化用古诗句，是很典雅的语言。这说明一个什么问题呢？说明我们用京味语言来概括这篇文章的语言特点不一定合适，我们是不是要换一个说法？京味语言这个说法是不是会误导我们？如果我们用一个词概括不出来，我们干脆就不要概括，因为我们概括出来的词的内涵不够清晰、暂时说不清楚，就会让我们的认识产生局限。但是我们要知道，《胡同文化》一文当中确实表现了汪曾祺的某一种语言风格，是怎样的一种语言风格，我们找不到一个词概括，就先不要概括，可以先描述出来。刚才我们为什么争论？就是因为"京味语言"这个词我们讲不清楚，反而把我们的思路给搅乱了。

> 【要点提炼】京味语言不是汪曾祺语言的特质。至少从这篇散文可以看出，汪曾祺善于从日常口语、方言、民间文学中寻找资源，形成独特的口语化的语言；同时还重视从古典文学中取得营养，在现代汉语和古代汉语之间建立一种内在的联系。

**师6**：实际上老舍的《想北平》里面京味十足的那种感觉，我觉得学生也是能体会出来的。

**专家2**：龚老师，《想北平》的语言和这篇散文的语言一样吗？

**师6**：它是抒情散文。

**专家2：** 老舍的语言京味是有特定内涵的,他的京味我们可以概括出七八条出来,但是汪曾祺的京味就概括不出来。据我对汪曾祺小说和散文的了解,目前的研究成果还不足以解释他的散文特点,还没有很成熟的研究结论。我们选这篇文章让大家讨论,也是有目的的。还有,如果说我们今天下午能把这篇文章解决了,我们就太厉害了,全国老师都要向我们学习,这好像不太可能。因为现有的研究成果还不能说清楚这篇文章的语言特点是什么,得出大家都能达成共识的结论比较困难,但是我们可以往前推进一点。我觉得刚才陈老师讲的"口语化"特点,这个可以讨论一下。

【要点评议】
以上聚焦汪曾祺语言特点的讨论,产生了思维的碰撞。老师们的观点主要是京味语言、口语化,但实际上他们理解的京味语言就是文中用到一些北京的地方方言,而且这些方言多为口语。老师们对"现代韵白"这一语言特点缺乏追问和讨论的兴趣。

**师7：** 我们现在留下哪些问题没有解决呢?

**师3：** 首先这篇课文的教学内容要确定下来。

**师1：** 主要是品味语言,体会作者的情感。

**专家1：** 主要是品味什么语言,体会什么情感,这个也是要定下来的。

**专家2：** 对。品味语言,体会情感,这是笼统的课程目标,不是具体的教学目标。

另外,这篇课文确实很难教,优秀课例会给我们很大的启发,但我查阅分析过,没有很好的课例。王荣生教授选这篇散文让大家共同备课是有目的的,是有难度的,没有现成的模板可以让我们来直接效仿。

**专家1：** 4点半之前要写好教学设计。

【要点提炼】品味语言既是手段,也是目的;当我们把它当作手段时,它就是教学方法;当我们把它作为目的时,它就是教学内容。品味语言在散文教学中的重要性,怎么强调也不过分,关键是我们如何理解并加以实践。

共同备课工作坊　145

专家2：没关系，写不好也没有关系。把我们的讨论过程呈现出来就可以了。

专家1：过程比结论更重要。

专家2：学情我们讨论得怎么样？

师7：就是学生体会情感比较困难，我们讨论的那些情感学生很难体会出来。

专家2：罗老师对学情作了一个很好的预估，如果有学生在的话可以做一个学情调查。

【观察者点评】你在日常教学中是如何做学情调查的？

专家1：我们在浙江宁波鄞州中学做过，共有150个学生参与那次学情调查，调查中问了学生四个问题：第一，请用自己的话概括你对课文的理解。第二，你对课文感兴趣的地方是哪些？第三，你自己读这篇文章感到有哪些困难？第四，学习这篇文章，你需要老师给你提供什么帮助？调查结论是：一、学生对胡同的特点、胡同文化的特点基本上都可以概括出来，老师不用解释。二、学生对语言感兴趣，比如各种语气词的运用、感叹号的运用，还有通俗化的语言的运用。三、对内容感兴趣，比如胡同为什么这样命名，北京人生活是怎样受胡同影响的，胡同和文化之间的关联，汪曾祺对《胡同文化》到底是什么感情，汪曾祺为什么要写《胡同文化》，为什么会感伤，这些都是学生想知道的。

【观察者点评】"学案"有学情探测的功能，你同意吗？

专家2：现在有一种教学资源叫"学案"，就具有学情探测的功能。浙江宁波有一个宁海西店中学，是一所初中，校长叫戴余金，他们学校开发的"课堂学习单"就具有学情探测功能，比如课前预习板块，主要以问题形式出现，还有习题的形式。

【反思】
1. 学情问题未展开讨论，为什么？
2. 假如你教《胡同文化》，打算如何了解学情？

**专家 2**：下面我简要介绍一下我们这个 备课模板，这是我们在总结中小学阅读教学优秀课例的基础上提出的备课模板，或者叫教学设计线路图，它不是教案，它是指导和记录我们进行备课的一个工具，在去年"国培计划"培训中使用过，教师们普遍认为很有成效，其设计思路是：依体式，定终点；缘学情，明起点；中间搭 2—3 个台阶。操作步骤如下：(1)依据文本体式确定教学目标，即教学的终点。(2)根据学生学情，明确教学起点。学习起点就是学生掌握了哪些，学生想掌握哪些，学生不会的是哪些，学生不会的和想掌握的就是学习的起点。(3)中间设计 2—3 个教学环节，主要环节 15—20 分钟。教学环节就是组织学生较充分地进行"学的活动"，即每个环节的大部分时间是"学的活动"。(4)考虑与教学相一致的课前预习以及相关后续活动的设计。即课前预习，与课堂教学直接相关；课后作业，是课堂教学的延续。教案中用"台阶"表示，意在说明教学流程是逐层递进、逐步深入的。换言之，教学环节是有梯度的，从学生学习的角度讲，学生的学习经验逐渐丰厚。一个台阶就是一项"学的活动"，每项"学的活动"都围绕一个落点（即子目标）展开，需要选择和运用与教学内容相匹配的教学策略和方法。

> 【观察者点评】这个备课模板很重要，你能掌握它的原理和使用方法吗？

关于如何组织展开教学的环节，我们认为落点一、落点二是两个核心的教学环节，这两个教学环节包含的是核心教学内容，这个教学内容是有梯度的，所以我们用这种台阶的形式，它是有逻辑递进的关系，并且还有提升的规律在里面。

就这篇课文而言，落点应该落在哪里？这个地方的核心教学内容是什么？我举个例子，假如落点一是"初读感知，了解胡同的特点、胡同文化的内涵以及作者的情感"，那么落点二是什么呢？落点二可能应该是"体味作者独特的语言所传达出的情韵意味"。这样落点一和落点二就是有梯度的，而不是在平面上展开的。

然后考虑教学方法，其实应该是学习方式，学习方式就是要怎样引导学生开展哪些学习活动。刚才有老师讲品味，品味是什么意思？品味具体怎么操作？用哪些具体方法可以掌握落点一的教学内容，又通过哪些具体的

共同备课工作坊

方法能够掌握落实第二个教学内容？这里,教学方法和落点要匹配,就是说,用落点一的方法能达成落点一的目标。就是这样的一个备课线路图。

总之,这个备课模板不是教学的具体内容的完整展开,也不同于简案,它主要用于对教师备课思路的指导,而不是一个直接帮助教师上课操作用的教案。

【要点评议】

因为第一次开展这种形式的共同备课,所以有必要详细介绍一下设计思路和备课模板。备课模板见下图：

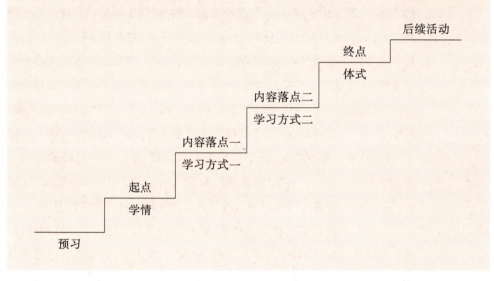

师1：有两三个大环节。

专家2：可以这样认为。

师1：落点什么意思？

专家2：这个落点是教学内容的落点,不是教学环节的落点。王教授的《语文教学内容重构》大家有没有看过？所谓的教学步骤就是将教学内容按照上课的逻辑顺序进行排列。

师7：他里面提到把教学内容放在第一位。

专家1：教学方法是次要的。

师1：先知道他是什么情感,然后用什么方法。

专家1：先是内容，后是方法。

专家2：一线老师们习惯从教学方法的角度备课，体现为"我先这么教，再这么教，最后这么教"，这种备课思路现在看来需要转变。我们倡导从教学内容角度备课，就是"我先教这个内容，再教第二个内容，最后教第三个内容"，第一个内容、第二个内容、第三个内容之间是有逻辑关联的，逻辑关联就构成了教学的流程。

【观察者点评】你同意吗？

师7：有个前提，我想起来了，前提是王荣生教授去听了很多课，课讲的都是教学技巧、方法，他说这是本末倒置的，应该先讲教学内容，然后是落实教学方法。

专家1：是的。如果教的东西都是错的，就谈不上方法对不对。有的课看上去很枯燥，但是这个老师教的东西基本上是对的；有的课看上去很热闹，笑声不断，环节设计得很好，学生笑完一场以后没学到东西。不是说教学方法不重要，而是要建立在正确的教学内容基础上。

专家2：教学规律是这样的，教学内容决定采取相应的教学方法，而不是相反，这是颠扑不破的规律。

师2：我提个问题，依据体式定终点，我们怎么能够保证教学内容是正确的？

专家2：你提的问题就是我们现在要攻关的难题。

师2：我们一线老师每天都要备课，怎么会有这么多时间来攻关？

专家1：我们需要定一些经典的文章，如果能够讨论出初步的成果出来，然后告诉大家，大家就省了很多的时间和精力。

一线的语文教师最好能用自己的一堂课、一个教案、一次作业的批改、一次文本解读、一项活动、一点体会等等，来加入"语文教学内容确定性"的讨论，谋求教学现状的点滴改善。

专家2：蒋老师，你刚才提的是我们很多老师的困惑，专家给我们提供的现成的资源和成果很少。确定教学内容，是王荣生教授提出的课题，按照王教授自己的说法，这个问题的解决不是某一个人、甚至不是某一个团队力所能及的，而是需要国家级的攻关团队，这个团队需要包括广大的一线老师、高校从事语文课程与教学论的研究者,还要包括学科的专家,比如说文学理论专家、语言学专家、文章学专家、写作学专家等,组成合作团队,而且不是短期就能攻克的。《中学语文教学》杂志2010年第9期和第10期中刊登了关于"语文教学内容"问题的讨论文章,谈到"语文教学内容"是一个什么样的问题,以及这个问题应该如何研究和面对,其中有王教授的两篇文章,还有李海林老师的两篇文章。老师们应该看一下。

**专家1:**《语文学习》2009—2010年连续好几期也讨论过这个问题。

**专家2:** 请把我们今天的备课总结一下,作真实的记录,可以参考我提到的那个备课模板,因为我们今天的讨论还是有效果的,达成了一些共识。

【要点评议】

　　老师们对备课模板的理解还存在问题,对"语文教学内容的确定性"也有认识上的不足。合作专家在这里对"语文教学内容"问题作了补充说明,指出"语文教学内容"是指确定学习材料(选文)中"教什么"、"学什么"或者利用学习材料(选文)"教什么"、"学什么"的问题。合宜的教学内容,是有效课堂的首要特质。"语文教学内容"的问题,主要是"有没有"、"是不是"的问题。"语文教学内容的确定性"是一个极为复杂的问题,需要多方力量联合攻关长期努力才能破解。个别老师有所领悟,但更多的老师陷入了沉思,我们相信,这是产生反思的先兆和必然现象。

## 问题研讨

### 一、课文教学设计

本次共同备课对《胡同文化》这篇课文的教学设计达成以下几点共识:

1. 本文是汪曾祺散文的代表作,不仅反映了他对老北京风俗文化的透彻理解,而且还凸显了他观察事物不偏不倚的客观态度。

2. 这篇散文作者无意褒贬,作为摄影集的序言,确实有介绍的成分在里面,主要写作特色是客观的呈现与刻画。

3. 教学目标不能放在对胡同的特点、对胡同文化的内涵的理解上，不能定位于筛选信息，最要紧的地方是汪曾祺的语言，要把品味语言而不是把情感本身放在教学的首要位置。

4. 了解汪曾祺"京味语言"的特点是指汪曾祺善于从北京方言尤其是日常口语中寻找资源，加以化用融合，没有斧凿痕迹，自成一体，从而形成一种独特的语言风格。

### 二、教师备课状态

在备课开始阶段，由于没有新的解读知识的介入，老师们普遍将教学目标定位在两个方面：一是概括胡同的特点，了解胡同文化的内涵；二是品味语言，体会作者对胡同文化的情感态度。合作专家第一次介入，对老师们的备课思路有所触动，开始聚焦作者独特的情感，基本放弃第一个目标。合作专家第二次介入，老师们的备课思路发生第二次转变，不再纠缠于讨论作者独特的情感到底是什么，但是讨论的方向并不明确，可以看出大家对"客观的呈现与刻画"的说法持比较谨慎的怀疑态度，可能是因为不理解而出现暂时失语状态。合作专家第三次介入，把备课引向品味语言的问题，老师们开始激烈讨论汪曾祺的语言风格以及如何引导学生体味感受，备课朝着正确的方向发展；但是尽管专家提供了大量有关汪曾祺语言风格的研究资料，似乎并没有触发老师们作更深入的思考和探究，大家坚持使用"京味语言"的概念，而对什么是"京味语言"、这篇散文"京味语言"的特点以及如何品味等问题探讨得比较肤浅。最后，老师们急于完成备课模板，开始着手教学设计，因为前面的讨论不充分，许多问题没有厘清，他们的教学设计在目标上虽然大方向正确，但仍然存在模糊不清的地方，只是提出一些模糊的目标、落点、任务，缺乏相应的教学内容的支撑，更没有确定合宜的教学内容。

### 三、备课建议

1. 理解这篇散文"客观的呈现与刻画"的写作特点。

2. 了解汪曾祺散文的语言风格。

汪曾祺散文的语言风格特点表现为雅洁与含蓄[①]，"雅洁"分为"雅"和"洁"两个方面，"雅"为优美、雅致，"洁"为简洁，含蓄则指其散文语言含而不露，意味深长。在语音手段上，汪曾祺运用音步的配合形成气韵生动的节奏，通过长短句的运用形成语言节奏的参差变化美；在词汇手段上，文言词的广泛运用使得行文简洁，语言体现出古典韵

---

[①] 唐芳.汪曾祺散文语言风格研究[D].湘潭大学,2011年硕士论文.

味,通过选用精当的单音节词语表达出丰富的含义;在句式手段上,短小精悍的短句广泛运用,多运用省略主语句使文章语言呈现出简明流畅的特点,文言句式的运用使作品语言风格呈现出精练、古典、雅致的特点,四字格句式的广泛运用使其散文语言雅致;在修辞手段上,恰当运用精妙形象的比喻等修辞方式,且表达出含蓄蕴藉的丰富意境;在标点符号手段运用上,括号注释的运用使得行文醒目流畅,同时又表达出丰富的语义,破折号的使用使语言指向明确。

3. 体会在这篇散文中汪曾祺是如何把胡同文化的特色展现出来的,就是要品味他的言语表达。通过意合方式的那种不连贯的、流水句式的、很多没有主语或动词的、关联词很少的、句子很短的、非欧化的等等语言形式,使汪曾祺延留了中国化韵味的那种语言传统,所以总体上教学目标是学生能够从这篇散文中看出言语表达更多的精彩之处。

**后续学习活动**

**任务 1**:你能依据上文所提供的备课思路,设计一个《胡同文化》的教案吗?下面的备课模板供你参考。

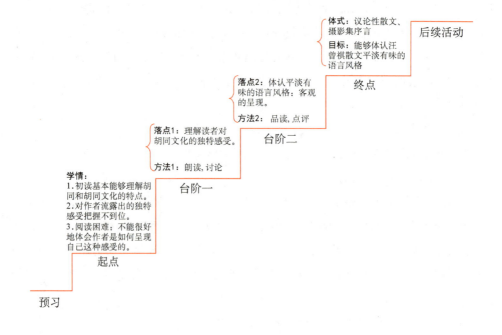

**任务2**：阅读下面的共同备课片段，回答后面的问题。

## 《胡同文化》备课片段

**背景介绍：**

开始时候，老师们将这篇课文的教学目标之一定位在体会汪曾祺对胡同文化的感受。下面是老师们的讨论。

**教师1**：备课首先要解读文本，确定文本体式，所以我们要思考作者汪曾祺的感受到底是什么。

**教师2**：还有作者独特的感受靠什么方式来表达。

**教师3**：他对胡同文化究竟是留恋的，还是希望它消失？

**教师4**：我觉得他的感情还是复杂的，怀旧、伤感，怀旧可能更多，像文本中写到的胡同所处的环境，也就是那种生活，比如说第四段里面讲的"胡同是安静的，不显得喧闹"，这里他应该是比较留恋那种相对安静的环境。还有最后一段写的是"再见吧，胡同"而不是"别了，胡同"，我觉得这还是有区别的，如果他用"别了，胡同"，可能更多的是否定，但是"再见吧，胡同"只有留恋的意味，是不是可以这样去揣摩他的感受呢？

**教师5**：汪曾祺先生是一个比较豁达的人，就像倒数第二段讲的，商品经济大潮的席卷之下，有些东西它总是会消失的，虽然他怀旧、他有点伤感，但是面对这样的时代潮流，他也固守不了这些东西。还有就是这个"忍"，我们中国的文字博大精深，这个"忍"有他认可的"忍"，也有那种他批判的"忍"。逆来顺受的"忍"肯定是不能容忍的，但是忍一步海阔天空，这时候的"忍"又是有必要的。

**教师6**：我觉得"睡不着，眯着"他是不认可的；"这个话实在太精彩了"，带有讽刺的意味。他的不少语言都有一点嘲讽的意味。

**教师7**：我补充一下，我第一次读的时候，也觉得好像作者的感受比较单一，后来读也觉得作者的感情很复杂。我关注到注释①，下面有一句话说这篇课文是作者为《胡同之没》写的序，这个"没"字其实表现出他的一种情感，面对没落肯定有点伤感、有点留恋，但同时也是无可奈何的，因为这种文化本身不全部都是好的。写胡同文化中不好的一面时他是有点批判味道的，比如"北京人真有你的"，再比如"虾米皮熬白菜，嘿！"中的语气词"嘿"，用了感叹号，然后逗号打出来，单独隔开来了，所以从这个词中我感觉作者有一点赞赏的意味。一种好的文化消亡、消失，他觉得很伤感，但是也无可奈何,也是符合社会发展的过程,面对这一切,他的情感应该是复杂的。最后"再见吧,胡同",有点洒脱。所以我觉得抓这三句话,三种情感的把握,作者的情感已经出来了。

**教师8**:这还跟他的个性有关,他的个性本就很豁达。

**教师**(七嘴八舌):作者的情感就是这样,可以确定下来。

**合作专家1**:请大家注意,这篇文章是摄影艺术家拍了胡同的集子,然后请汪曾祺先生写的序言,我揣摩一定是想让他多写出一些表示留恋、挽留的意思,甚至要把整个胡同都保留下来。但是汪曾祺先生能够很客观、公正地看待胡同和胡同文化,然后把他对胡同,乃至胡同文化复杂的情感客观地表达出来,我觉得这也是本文的特点,更值得注意。

**教师4**:所以这是一篇非常有个性的小品文,说是序言,实际上不同于一般的序言,它抒发了作者复杂的情感。

**合作专家2**:大家讲得很深刻,而且都有自己的见解。刚才大家比较一致地认为,这篇散文并没有很强烈的抒情,作者有他自己的态度、倾向,但只是相对客观的呈现。这篇文章的语言是一种描述,而不是一种评价,就是描述他内心的一些感受。作者用了一些词,刚才几位老师都提到了,比如说"封闭、没落、衰败",还有包括后面"不禁使人产生怀旧情绪",这个"人"并不一定是自己,这里面他没有那种比较强烈的要站出来抒情的姿态。所以这篇文章从情感角度来看,作者表达的是对胡同的一种复杂感受,这里的"复杂"也确实很难用一两句话表达,各种情感在里面。你说里面没有批判,肯定有,比如"睡不着,别烦躁,别起急,眯着。北京人,真有你的",对北京人的个性有嘲讽的意味,有委婉含蓄的批评,但是情感不是特别浓,不是特别强烈,作者的倾向不是直接说出来的。

思考与研讨:

一、老师们认为作者对胡同文化表达了怎样的情感?试作总结。

二、备课过程中"教师7"主要从哪个角度解读文本?体会出作者怎样的情感?

三、"合作专家1"的观点是什么?他发言的意图是什么?

四、"合作专家2"关注的主要是什么问题?他和老师们备课的关注点有哪些相同之处,又有哪些不同之处?

# 课例研究工作坊

# 品味特别的语言，体会特别的情味
——蒋军晶《祖父的园子》课堂教学研讨

### 执教教师简介

蒋军晶，特级教师，浙江省杭州市余杭区临平一小语文教师，浙江省教改之星，杭州市十佳魅力教师，中华版《小学语文》教材编委。获全国第六届青年教师阅读教学评比一等奖，发表教研论文100多篇。

### 课例导读

《祖父的园子》是人民教育出版社小学语文教材五年级下册的一篇课文，节选自萧红的长篇小说《呼兰河传》第三章第一节。这篇选文在很多版本的小语教材或课外阅读书目中都有收录，题目有所不同，有的叫《祖父的园子》，有的叫《我和祖父的园子》（苏教版），各版本教材所节选的内容也稍有不同，但都是写萧红回忆自己在祖父的园子里自由快乐的童年生活，洋溢着童真童趣。

课例综述显示，目前这篇课文的教学目标及主要教学内容有以下几方面：

1. 学会本课7个生字，理解由生字组成的词语。
2. 正确、流利、有感情地朗读课文。
3. 感受作者在园子里充满乐趣、自由自在的生活，体会作者对童年生活的眷恋和对自由生活的向往。

4. 感受祖父对"我"的疼爱，体会浓浓的祖孙情及作者对祖父的怀念。

5. 学习作者独特的表达方式，即留心观察生活，用心感受生活，真实地表达自己的感受。

6. 感受萧红语言新鲜自然、率真稚拙之美。

本文选入小学语文教材后，老师们一般把它当成一篇散文来教，许多小学语文名师都是这样教的，比如于永正、薛法根、孙双金、闫学、武凤霞等。但是目前教学中尚存不少问题，主要有以下四点：

1. 核心的教学内容不是体味语言、感受作者独特的情感，而是滞留在作者所叙述的人、事、景、物上面，作肤浅的谈论。

2. 核心的教学内容是"讨论"而不是"感受"作者的情感，课文只是引子或跳板，抛开文本，抽象地讨论作者的情感，或演变为以课文为例子各抒己见的活动。

3. 品味语言习惯于在文本的表面滑行，缺少细读的功夫，抓不住言语表达的关键处，即便找到关键性语段，也不能发掘出作品字里行间所蕴涵的意思、意味，因而目标中"感受萧红语言新鲜自然、率真稚拙之美"的要求也落不到实处。

4. 学习作者独特的表达方式，不是在因言求意基础上的自然归纳，不是在文本细读过程中的心领神会，而是拿"以小见大"、"借景抒情"、"细节描写"、"对话描写"之类的技法概念去做贴标签式的告知。

为什么会产生这些问题？如何解决这些问题？像《祖父的园子》这一类的散文应该教什么，怎么教？下面蒋军晶老师的课例将给我们带来一些思考和启迪。

## 热身活动

阅读本专题之前，请先完成下面的热身运动——阅读《我和祖父的园子》教学片断，回答问题。

### 《我和祖父的园子》教学片断

师：同学们在读课文时关注最多的可能就是萧红的语言了，老师在读课文第13自然段的时候，也特别注意她的语言，看她的第一句话："太阳在园子里是显得特别的大。"咱们把"是"字去掉，读读看，行吗？（生自由读）行吗？好像行的。这里她为什么说"是显得特别大"？你们琢磨出什么了吗？两句再比较读一读，把"是"字拿掉再放上去读读看。（生读）琢磨出了什么？你说。

生："是"在这里起强调作用,肯定了太阳是特别的大。

师：肯定太阳特别大。为什么在这里用"是"啊？

生：我觉得不用"是"的话,比我们一般看到的稍微大一点点,用"是"的话感觉就非常大。她想让我们更深刻地体会一下。

师："是显得特别大",老师在读的时候也在琢磨,她这里强调了太阳大,而且还告诉我们真的就是这样的。不仅太阳这么大,花儿、虫儿真的就是这样的。同学们你们一直作为读者在读这篇文章,你们倒过来,站在作者的角度想想,当她这样说这样写的时候,她想告诉我们什么呀？你说。

生：她想告诉我们园子很大。

师：是的,她就想告诉我们这个。她还想告诉我们什么呀？告诉我们园子里这一切——(生答：充满了生机)就是这样的。强调真的是这样的。特别想告诉我们这些。那么同学们再想想,太阳在园子里特别的大,一般在文学作品里出现"太阳"这个词的时候,它总是表达一种什么样的情感？谁来说？表达什么？你说。

生：温暖、希望。

师：温暖、希望。对,还有吗？你说。

生：有可能表达自己的心情。

师：心情怎么样？

生：我觉得还会表达一些活力。

师：活力,是吧？当我们联想到太阳的时候会感到活力。真的,我们中国的语言很有魅力,你看,一个词能让我们感受到温度,很温暖,感受到飞翔,很快乐,甚至能闻到太阳的味道。作者就想传递这样一种情感,所以她这样说。一起读第一句——（生齐读）

师：这是老师在读第13自然段的时候自己的感受,我拿出来和你们一起分享。你们觉得我说的有道理吗？园子只不过是个普通的园子,但是作者感受到了那种温暖；那么一点快乐那么一点生机,所以园子就是好大、好看、好玩的,一切都是活了的。在文学作品里面,我们就说这是——景语情语,不同的人看山是不一样的山,不同的人看园子也是不一样的园子。

一、请你概括上面这一教学片段的主要内容。

二、上面的教学片段所体现的教学目标是什么？请加以提炼。

三、执教教师主要运用了怎样的教学方法？是否有效？

### 教学实录

**师**：今天学习哪一篇课文？

**生（齐）**：《祖父的园子》。

**师**：大家都读过了吗？

**生（一部分）**：读过了。

**师**：有的读过了，有的没读过是吧？好的，我们一会好好地读一读。（板书：《祖父的园子》）先看正题，要看清楚。（板书：萧红）都会念吧，这是一个人的名字——萧红。那你们猜猜看，这个人和我们今天学的文章有什么关系？你说。

**生**：文章的作者。

**师**：课文来自于哪本书？

**生（齐）**：《呼兰河传》。

**师**：好的，第三个问题有难度了。我估计你们会被难倒，（板书：回忆）这是什么？

**生（齐）**：回忆。

**师**：什么意思？

**生**：祖父的园子就是作者萧红小时候的回忆。

**师**：她小时候发生的一些事。好的，我们现在开始读课文，有的同学还没有读过呢。这篇文章很长，你们可以自由地读，出声地读，建议大家从头到

【要点提炼】实际上是在问"文中写到了什么"，引导学生初读感知，了解文本表面写了哪些人、事、物、景，把学生的阅读引向文本内部。

尾一字不落地读一遍，好不好？一边读一边想，萧红想起了什么呢？开始。

（学生朗读中，片刻声音渐小、渐悄）

师：我刚才读了一遍，而且我刚才读的语速相对比较快。你们竟然读得比我还快。我有一个小建议，比我提早读完的同学可以稍微放慢一点速度，好吗？还没读完的同学请举手。好，举手的同学值得表扬，你们的速度比较正常，读到"下雨啰！下雨啰！"这个地方有没有？好的，这就比较正常了，没有读完的继续读完，已经读完的就思考刚才蒋老师提出的那个问题。开始，各读各的。

【观察者点评】想一想，这样安排有什么作用？

（学生继续朗读，渐止）

师：谁来说说看，萧红想起了什么呢？你来说。

生：小时候怎么玩。

师：只玩吗，有没有做什么事？

生：小时候帮助祖父管理园子。

师：比方说，在里面栽花，除了栽花还干嘛了？你说。

生：给花浇水。

师：浇水，你说。

生：拔草。

师：拔草。你说。

生：她在园子里面管园子，一直在玩。

师：基本上都说过了。

生：她还在里面铲地。

师：好的，我记录一下。你看，她跟祖父在园子里面栽花、拔草，这个"拔"特别容易写错（板书：拔），看清楚。拔草、铲地、浇菜，刚才同学们都说了，除了这些事，她还想起了什么，还有些什么呢？

生：她想起了园子里的昆虫。

师：能举一个例子吗？

生：比如说蜜蜂、蝴蝶、蜻蜓和蚂蚱。

师：这句话你们看到了吗？看到了，我也写下来，而且我写下来你们会发现它们有一个共同点的,所以你们要看着我写。蜜蜂,接下来是什么?

生(齐):蝴蝶。

师:蝴蝶,再接下来是什么?

生(齐):蜻蜓。

师:好的,最后一个要读轻声的,读什么?

生(齐):蚂蚱。

师:看到过吗?

生(齐):看到过。

师:看到过。我们上海的孩子都看到过?

生(齐):对。

师:发现共同点了吗?你说。

生:很多昆虫。

师:好的,都是小动物。难道园子里面就这些昆虫和小动物吗?那边的同学。

生:植物。

师:能举例子吗?

生:比如说,樱桃树、李子树。

师:除了树之外呢?

生(依次回答):小白菜、狗尾巴草、谷子、黄瓜。

师:好的,我估计你们这个不敢说,是因为这个字不敢念。怎么念?倭瓜。

生(齐):倭瓜。

师:黄瓜有没有?

生(齐):有。

师:玉米有没有?

生(齐):有。

师:还有很多,对不对?就省略了。你看这个园子是什么园子,如果这个园子主要是树,应该是什么园子?

生(齐):果园。

师:如果是花呢?

生(齐):花园。

师:如果是菜呢?

生（齐）：菜园。

师：这个园子你们觉得主要是什么园子？主要是菜园。黄瓜看到过没有？

生（齐）：看到过。

师：白菜看到过没有？

生（齐）：看到过。

师：倭瓜看没看到过？

生（齐）：看到过。

师：南瓜看到过吗？

生（齐）：看到过。

师：南瓜就是倭瓜。我国东北管南瓜就叫倭瓜。你们看，我们聊着聊着，她这里面写着什么就聊什么，我们一起看一看，她想起了很多东西，想起来园子里的什么？

生（齐）：蜜蜂、蝴蝶、蜻蜓、蚂蚱。

师：想起了园子里的倭瓜、黄瓜、玉米。还想起了她祖父在园子里面……？

生（齐）：栽花、拔草、铲地、浇菜。

师：我们可以概括得更简短，注意了，我用一个字来概括。园子里面的一些人、事、物。简而言之，在这个文章里面萧红想起了小时候园子里的人、事、物。对不对？这就是概括。

【要点评议】

以上为第一个教学环节：初读课文，自由朗读，思考：萧红想起了什么呢？即了解文中表面上写了些什么。

◎ 萧红小时候在园子只是玩吗？有没有做什么事？

◎ 拔草、铲地、浇菜，除了这些事，她还想起了什么？

◎ 难道园子里面就这些昆虫和小动物吗？

◎ 可以概括得更简短，想起来园子里面的人、事、物。

师：学习这篇文章重要的一点就是概括。但是蒋老师觉得还有更重要的东西值得我们去学习。下面你们自己读课文，拿起笔来，你们觉不觉得这里面有一些话大意上很啰嗦,尤其是排比句,有点啰嗦。如果有同学和我的想法一样,发现这段话了,请你把它划下来,要找准以后再划,不要轻易地划。

> 【要点提炼】通俗地讲,读课文就是找东西;阅读教学,也就是让学生到课文中去找东西,关键是找什么东西,怎样找东西。散文的教学目标之一是学生能够从一篇美文里看出它的语言运用的精彩之处,包括词汇运用、句子、语段、标点等。这里,老师让学生找的是这篇课文言语表达很独特很精彩的一种句子。

(学生活动中,老师巡回)

师:我们班的同学学习非常地认真。找到了吗?哪一句?我看80%的同学都是找这一句。好的,你来读读看。

生:"倭瓜愿意爬上架就爬上架,愿意爬上房就爬上房。黄瓜愿意开一朵花,就开一朵花,愿意结一个瓜,就结一个瓜。若都不愿意,就是一个瓜也不结,一朵花也不开,也没有人问它。玉米愿意长多高就长多高,它若愿意长上天去,也没有人管。"

师:你的嗓音很好,跟她一样找这一段的还有哪些同学?(超过半数的学生举手)很多同学有这个感觉,这段话真的很有意思,真的有点啰嗦,而且这一段话,如果你找到规律的话,很快就可以把它背下来。我们来做一个实验。很多同学两分钟就可以背下来,只要找到这段话的规律,要不我们也试试看,看看能不能很快背下来。预备,开始!

(学生自由朗读背诵)

师:这一段话,很特别,如果你掌握它的特点了,读几遍,就可以把它背下来。

(生自由读、试背。老师隐藏一句,学生背一句,学生挑战欲望很强,气氛很热烈。最后老师指着空白的屏幕请大家一起"读",学生"读"得不亦乐乎)

师:为什么我们可以这么快把这段话大致背下来呢?

生:里面的句子是反复的,比较好记。

师:有没有这个感觉,都是差不多的,愿意干嘛就干嘛,愿意怎么样就怎么样。所以很多人说这种写法很有趣,算是排比,也是反复。特别的写法肯定蕴含着特别的情感。萧红反反复复地写,我们也来反反复复读一读好不好?跟着我读,视线在我这里,你

> 【观察者点评】想一想,这是什么意思呢?

们跟我读。

倭瓜愿意爬上架——(生接)就爬上架,愿意爬上房——(生接)就爬上房。黄瓜愿意开一朵花——(生接)就开一朵花,愿意结一个瓜——(生接)就结一个瓜。玉米愿意长多高——(生接)就长多高,蝴蝶愿意飞到哪儿——(生接)就飞到哪儿。

**师**:我们试着再读快一点。倭瓜愿意爬上架——(生接,加快速度)……

**师**:反过来,你们带着我读,好吗?(师生换读)

**师**:你看,萧红这样反反复复地写,我们刚才也反反复复地读,在读的过程当中,大家对里面的倭瓜、黄瓜、玉米有什么感觉?第一感觉。你说。

**生**:拟人的手法,都活了。

**师**:你觉得呢?

**生**:写得自由、悠闲。

**师**:真的,你觉得呢?

**生**:自然。

**师**:描述得真好。还有吗?

**生**:自由自在。

**师**:无忧无虑。你说。

**生**:无拘无束。

**师**:非常地快乐,对不对?我们都感觉得出来。大家都觉得很自由,很快乐。特别的写法肯定蕴含着特别的想法,下面再找一找,除了这一段话,还有一段话,也有一些反复的味道,不过不太明显,仔细地找找会找到,如果你找到了就划下来。

(学生默读)

**生**:我找到的是这一句——祖父戴一顶大草帽,我戴一顶小草帽;祖父栽花,我就栽花;祖父拔草,我就拔草。

> 【要点提炼】找到关键句子,运用多种方式反复读,反复地读就是反复地感受,这就是品味语言。学生不一定能够认识到老师所讲的"特别的写法肯定蕴含着特别的情感"这句话的涵义,但他们肯定明白"愿意……,就……"这种句子可以传达出一种自由、悠闲、无忧无虑的感受。

> 【要点提炼】第二种特别的句子是"祖父……,我也……",再找出来,反复地读,反复地感受,学生的感受会更加清晰;教学意图在于使学生进一步体会"特别的写法肯定蕴含着特别的想法",这是重要的教学目标。

师：再往后看，还有——

生：祖父铲地，我也铲地。

师：再往后看，还有——

生：祖父浇菜，我也过来浇。

师：是呀，这也是一段反复结构的话，我们再来反复读一读。

师：祖父戴草帽——（生接）我也戴草帽，祖父栽花——（生接）我也栽花，祖父拔草——（生接）我也拔草，祖父铲地——（生接）我也铲地，祖父浇菜——（生接）我也浇菜。

师：咱们节奏快一点读。祖父戴草帽——（生接）我也戴草帽，祖父栽花——（生接）我也栽花，祖父拔草——（生接）我也拔草，祖父铲地——（生接）我也铲地，祖父浇菜——（生接）我也浇菜。

师：注意！特别的写法往往是因为有特别的心情。反复读这段话，你体会到什么心情？

生：自由、无忧无虑、快活、高兴。

师：是啊，对"我"来说，园子里的生活是那样快活、自由，让我们带着这份心情来读一读。

【观察者点评】又一次强调！

师：祖父栽花——（生接）我就栽花，祖父拔草——（生接）我就拔草，祖父铲地——（生接）我就铲地，祖父浇菜——（生接）我就浇菜，祖父劳动——（生接）我就劳动，祖父真劳动——（生接）（迟疑）我就真劳动。

师："我"是在真劳动吗？（笑）刚才有的同学一时之间就感受到了她在干什么？

生：她不是在劳动，她就是在玩。

师：在玩，你们说得比较客气。

生：她就是在瞎胡闹，帮倒忙。

生：在捣乱。

生：在调皮。

生：在搞破坏。

生：在闹。

【观察者点评】这个活动设计很巧妙，自然过渡到下一个教学环节。

【要点评议】

以上为第二个教学环节：划出特别的句子，通过诵读感受特别的句子蕴含的特别的情感。

◎ 你们觉不觉得这里面有一些话很啰嗦，尤其是排比句，划下来。

◎ 萧红反反复复地写，我们也来反反复复读一读。

◎ 反反复复地读，在读的过程当中，对里面的倭瓜、黄瓜、玉米有什么感觉？

◎ 再找一找，还有一段话也有一些反复的味道，划下来，再来反复地读一读，体会到什么样的心情？

这一环节，教师引导学生抓住文中个性化的表达语句，感受作者独特的情感体验。优秀散文的语言极富个性色彩，能够精准传神地抒写作者个性化的情思，亦即特定的言语形式传达特定的言说内容。情感、思想之于语言文字，恰如蜜之于花，盐之于水，融为一体，因而散文阅读不能脱离这些语言本身去凭空感受，甚至主观臆想。教师在散文教学中的职责，就是帮助学生找到这样的语句，为学生真实地感受这些语句所传达的作者情思提供支架，并使学生的阅读感受清晰化、合理化。

**师：** 你们说萧红在捣乱、瞎胡闹、调皮，但是话要有依据，她做了什么事让你们有这种感觉呢？找出那些事，找到一件事就写上 1，找到两件事就写上 2，我看看有没有同学会写到 4、写到 5 的。谁来说？这位同学。

**生：** 第一件事，是祖父种小白菜的时候，"我就在后边，用脚把那下了种的土窝一个一个地溜平。其实，不过是东一脚西一脚地瞎闹。有时不但没有盖上菜种，反而把它踢飞了。"

**师：** 蒋老师希望你用自己的话来概括。第二件请你说。

**生：** 狗尾巴草。

**师：** 她劳动，最后狗尾巴草还在。两件事了，还有第三件事吗？你说。

**生：** 祖父在浇菜的时候，我往上泼水，还一直在说"下雨了，下雨了"。

**师：** 是的，典型的人工降雨对不对？这一段有比较好玩的文字，找到它。看你能不能找到。看你们能不能读到,"祖父浇菜",预备——齐。

生:我也过来浇,但不是往菜上浇,而是拿着水瓢,拼尽了力气,把水往天空一扬,大喊着:"下雨啰!下雨啰!"

师:这种事情你们干过没有?

生:干过。

师:还有没干过的,回去试一下。那位女同学。

生:祖父铲地的时候,我也拿着锄头铲地,但是并没有铲掉什么。

师:这么多"瞎闹"中,你认为闹得最厉害的是哪一次?

生:我认为最厉害的一次是把谷穗当野草锄掉了。

师:为什么?

生:太浪费了。

师:你们有一天也会当祖父的,看到孩子这么闹,就会去纠正他,你会怎么和他说?蒋老师要读他们的对话,但是请你们评价一下。如果读得好,肯定是你把这段话读懂了。看着屏幕,蒋老师要读了。"你每天吃的就是这个吗?……只是毛嘟嘟的,很像狗尾巴。"各位觉得我读得怎么样?

生(齐):好。

师:我最喜欢这段对话了。但是你们有没有不同的理解?我也很想知道这几位同学的意见,你来说。

生:我觉得很符合当时的语境,把孙子的感受读出来了。

师:是孙女。她说我把她的语境读出来了,有不同的看法吗?你说。

生:应该是更温柔一点的。

师:谁要更温柔一点?

生:祖父,因为祖父是笑着说的。

师:看到了吗?祖父大笑起来,我看祖父还在笑,从头到尾祖父都在笑,祖父一直都在笑。我接受你的意见,还有吗?

生:我好像很委屈的样子。

师:我接受你们的意见。我们来看一下。其实文章里面只提到这个笑,而那本书里面提到祖父很多次的笑,你们还记得那是什么书吗?

生(齐):《呼兰河传》。

师:好,我读给你们听,你们想笑就笑,别憋着。

【反思】

　　课堂时间很宝贵,蒋老师还补充这个材料让学生阅读,想一想,他的教学意图何在?这样设计合适吗?

### 祖父的笑

　　祖父蹲在地上拔草,我就给他戴花。祖父只知道我是在捉弄他的帽子,而不知道我到底是在干什么。我在他的草帽上插了一圈的花,红通通的二三十朵。我一边插着一边笑,当我听到祖父说:

　　"今年春天雨水大,咱们这棵玫瑰开得这么香。二里路也怕闻得到的。"

　　就把我笑得哆嗦起来。我几乎没有支持的能力再插上去。等我插完了,祖父还是安然的不晓得。他还照样地拔着垅上的草。我跑得很远地站着,我不敢往祖父那边看,一看就想笑。所以我借机进屋去找一点吃的来,还没有等我回到园中,祖父也进屋来了。

　　那满头红通通的花朵,一进来祖母就看见了。她看见什么也没说,就大笑了起来。父亲母亲也笑了起来,而以我笑得最厉害,我在炕上打着滚笑。

　　祖父把帽子摘下来一看,原来那玫瑰的香并不是因为今年春天雨水大的缘故,而是那花就顶在他的头上。

　　他把帽子放下,他笑了十多分钟还停不住,过一会一想起来,又笑了。

　　祖父刚有点忘记了,我就在旁边提醒说:"爷爷……今年春天雨水大呀……"

　　一提起,祖父的笑就又来了。于是我也在炕上打起滚来。

　　读了这段话以后,你觉得祖父是个怎么样的祖父?你说。

**生**:笑容可掬。

**生**:不爱生气。

**生**:和蔼可亲。

**师**:刚才有人说了,你呢?

**生**:爱笑。

**师**:从头到尾都在笑,全家人都在?

**生**:笑。

师：在这样的笑里面，在这样的祖父面前，"我"的生活怎么样？

生：幸福、快乐。

师：还有呢？

生：很自由。

师：她非常地自由，非常地快乐。正因为有这样的祖父，所以祖父干嘛"我"也干嘛。祖父戴草帽——

生：我也戴草帽。

师：祖父栽花——

生：我也栽花。

师：祖父拔草——

生：我也拔草。

师：祖父铲地——

生：我也铲地。

师：祖父浇菜——

生：我也浇菜。

师：到这里发现没有，萧红不仅仅在回忆园子里面的人、事、物，真正怀念的、回忆的，是人给她带来的自由、快乐。

【要点评议】

环节三：找出"我"胡闹捣乱的几件事，补充《呼兰河传》中关于"祖父的笑"的描写，体会其中所蕴含的作者情感，加深阅读感受。

◎ 捣乱、瞎胡闹、调皮，她做了什么事让你们有这种感觉呢？找出那些事，标上序号。

◎ 老师读："你每天吃的就是这个吗？……只是毛嘟嘟的，很像狗尾巴。"问学生觉得老师读得怎么样。

◎ 呈现《呼兰河传》中的一段文字——祖父的笑，觉得祖父是个怎样的祖父？

◎ 有发现没有，萧红不仅仅在回忆园子里面的人、事、物，真正怀念的、回忆的，是人给她带来的自由、快乐。

上述环节,表面上是让学生感受祖父的形象,实际上落在对作者情感的把握。执教者采取了听读的办法:一是听老师读文内祖孙对话的一段,二是听老师读《呼兰河传》中关于"祖父的笑"的一段文字。阅读散文,要领是通过品味作品精准的语言,落实在对作者感悟到的独特的人生经验的体认。如果学生不能很好地体认作者所抒发的情感,老师就需要提供一些支架,或搭建一些台阶。上面课例中,学生通过文本阅读,似乎已经能够体会出祖父的慈祥和蔼,老师可能觉得还不够,所以又补充了一段《呼兰河传》中对"祖父的笑"的相关描写,但这都不是目的,目的是引导学生更好地体认作者所传达的那种对自由、快乐生活的怀恋,这一点,在这个环节的最后,老师做了明确的总结。

**师:** 你们放学的时间到了,蒋老师再问最后一个问题,你们猜猜看,萧红长大以后的生活会怎么样?你说。

**生:** 过得也很自由。

**师:** 为什么?

**生:** 因为她小时候已经养成了习惯了。

**师:** 特别好,你觉得呢?

**生:** 很开放。

**师:** 怎么理解?

**生:** 就是爱说话。

**师:** 很开朗,也包容别人的错误。

**师:** 蒋老师说说她真实的生活吧。她长大以后的生活很艰苦,祖父去世,18岁的时候,她为了逃脱包办婚姻离家出走。什么是包办婚姻,懂吗?

**生:** 不懂。

**师:** 不能什么东西都靠老师告诉你们啊!萧红离家出走之后的生活很困顿,后来她在贫病交加之中来到了香港。你不要以为当时的香港和现在一样发达,其实当时那里没有那么好,生活也贫困,最要紧的是她得病了,最要命的是碰到了日本的庸医,所以她在31岁的时候就离开了这个世界。她30岁的时候写了《呼兰河传》,因为她感到生活中没有自由快乐,所以她特别想念小时候的

> 【观察者点评】为什么问这个问题?执教者的教学意图是什么?

自由快乐。因为没有,所以回忆。这是她最后的一部著作,可以当作是她的遗作。如果有兴趣的话你们可以找这本书来看一下,好不好?

【反思】

想一想,这节课为什么要介绍作者长大后的坎坷命运?为什么又放在最后才介绍?老师的用意何在?进而推想,课堂上需不需要介绍作者生平?介绍作者生平的哪些内容?什么时候介绍作者生平更合适?

师:所以当我们了解到这一点的时候,同学们,我们再去读这篇文章,会有怎样的感觉?《呼兰河传》的最后有一段话,我给大家读一下,"呼兰河这小城里边,以前住着我的祖父。现在埋着我的祖父。那园里的蝴蝶、蚂蚱、蜻蜓,也许还是年年仍旧,也许现在已完全荒凉了。小黄瓜、大倭瓜,也许还是年年地种着,也许现在根本没有了……"这些人、这些事忘却不了,难以忘却,就记在这里了。同学们,记在哪里了?

【要点提炼】下课前,再提供给学生两个材料,相当于两个支架,为学生今后能够从这篇作品中获得更加深刻的人生经验埋下伏笔。

生:她的心里。

师:好的,今天就到这里,谢谢同学们,和你们学习很愉快。下课。

【要点评议】

以上为第四个教学环节:补充相关材料,期待学生读出新的感受。

◎ 问最后一个问题,你们猜猜看,她长大以后的生活会怎么样?

◎ 当你们了解到萧红长大后的生活时,再去读这篇文章,会有怎样的感觉?

**问题研讨**

蒋军晶老师的这节课有四个教学环节,而核心的教学环节有两个:第一,抓住两种关键句,通过各种形式的诵读,感受它们所传达出的那种自由、快乐、幸福的意味。第二,找出"瞎闹"的几件事加以品读,丰厚这种感受;借助补充材料,深化对作者个性化情思的体认。从中我们可以看出这节课有三个特点,也可以说对中小学散文教学有三点启示:

### 一、把对特别句子的诵读转化成对作者个性化情思的感受

这是散文教学的核心标志。读散文的关键是体味精准的言语表达,体认作者的个性化情思,也就是老师们常说的"品味语言"、"揣摩语言"。散文的语言就像水,是不能切割的,不能把语言和思想内容剥离开,语言不能像橘子皮那样,从果肉内容上剥下来。作者的人生经验,通过精准的言语表达,也存活于这些言语中,唯有通过对言语的体味,我们才能把握作者的独特经验,才能感受、体认、分享散文所传达的丰富而细腻的人生经验。

### 二、有目的地让学生充分地读文

整个课堂教学的展开就是学生在教师的指引下读文、理解、感受。阅读教学中的理解和感受,是学生的理解和感受,课堂的大部分时间是学生在活动,学生的学习活动(主要是读的活动)比较充分,比较得体,也比较有成效。课堂上先是让学生找到一处,即"愿意……就……"那一段,接着让学生反复地读,采用多种方式——朗读、默读、精读、浏览、老师读上句学生读下句,之后让学生谈自己的阅读感受;再让学生找到第二处,即"祖父……,我也……"这种句式,反复地读,使学生的阅读感受更加清晰。

### 三、抓住文本体式特征,作为确定教学内容的依据

"特别的写法肯定蕴含着特别的情感"、"特别的写法肯定蕴含着特别的想法"、"特别的写法往往是因为有特别的心情",这三句话表达了同一种教学理念,即散文教学要把"这一篇"课文的独特之处教出来。一篇课文的独特之处,就是其文本体式所蕴涵的个性特征。所谓文本体式,既包括文类的共性特征,更指向单个文本的特定样式,也就是个体文本所具有的特殊的表现形态或曰个性风格。每一篇散文作品都有其个性特征,个性特征体现在文本最独特的地方,例如上面的课例中教师带领学生品味的那两处关键语句。抓住文本体式特征作为确定教学内容的依据,就是说,文本的教学解读不仅要考虑某一篇课文作为类的共性特征,更要把握其个性特征,而对课文个性特征的解读,往往是确定教学内容的关键。所以,语文教师在备课时,确定教学内容的一种思路可以是化"类"为"体",即从一篇课文作为文类的共性特征层面出发,通过文本细读,探寻这篇课文作为独特的"这一个"在大的文类参照下,文本个体所具有的独特之

处,而这正是目前散文教学想要有所改进的关键点、要紧处。

很明显,蒋老师是把这篇课文当作一篇散文来教的,尽管它是小说的节选。让学生听读"祖父的笑"这一段文字,是老师为了丰厚学生对作者情感的感受而特意补充的,从课堂效果上看,却不经意间触及这篇作品的特质。因为作为节选,这篇作品已经独立成为一篇回忆性的散文,回忆性散文一般有两个"我",一个是"当时的我",一个是"现在的我"。"当时的我"(即童年的萧红)很自由很快乐,这一层学生已经通过对关键的特殊句式的品读而有所体会。这篇散文还传达出"现在的我"(创作时已成年的萧红)对童年园子里那种自由快乐生活的怀念与向往,当然也包涵着对祖父的深切怀念,可以看出,这一层意味也是老师试图让学生有所感受和认识的,亦即教学目标之一。

### 资料链接

1. 于永正.《祖父的园子》教学实录[J].语文建设,2012(12).
2. 窦桂梅.《祖父的园子》教学实录[J].语文教学通讯,2011(4).
3. 孙双金,吴静.叩问心灵,感悟幸福——《我和祖父的园子》教学实录及评析[J].小学教学(语文版),2010(10).
4. 武凤霞.从语言的形式走进文本——《我和祖父的园子》教学设计与解读[J].小学语文教学,2012(4).

### 后续学习活动

**任务1:** 你上过这篇课文吗?还记得自己都教了些什么吗?请将你的课与蒋军晶老师的课例作比较,尝试从教学目标、教学内容、教学流程三个方面谈谈你的认识和感受,完成下表。

| 项目/课例 | 蒋军晶《祖父的园子》 | 我的《祖父的园子》 | 我的反思 |
| --- | --- | --- | --- |
| 教学目标 | | | |

续表

| 项目/课例 | 蒋军晶《祖父的园子》 | 我的《祖父的园子》 | 我的反思 |
|---|---|---|---|
| 教学内容 | | | |
| 教学流程 | | | |

**任务 2**：如果你有机会再次给学生上这篇课文，你会在教学时作出哪些调整？为什么？把你的想法和做法写下来，下面的表格会给你提示和帮助。

| 项目/课例 | 第一次教学设计 | 第二次教学设计 | 设计意图 |
|---|---|---|---|
| 教学目标 | | 提示：学生学完这篇课文以后，他们的语文知识应该有哪些增长？ | |
| 教学内容 | | 提示：这篇课文的体式如何？学生学情怎样？ | |
| 教学方法 | | 提示1：如何让学生充分地读文？<br>提示2：如何使学生的阅读感受逐步深入？<br>提示3：如何使学生体会到作者言语表达的功力？ | |

课例研究工作坊

# 确定散文教学内容的路径
## ——李海林《幽径悲剧》课堂教学研讨

### 执教教师简介

李海林,上海师范大学教育学院教授,硕士生导师。教育部"国培计划"专家库专家。著有《言语教学论》《李海林讲语文》《语文教育科研十讲》等。主编《语文教育研究大系(1978—2005)·理论卷》。

### 课例导读

选择李海林老师的《幽径悲剧》这个课例,主要是为了讨论"散文教学内容的确定性"问题。目前语文教学的主要问题是教学内容方面的问题,而散文教学内容的问题又尤为突出和迫切。表现为:

1. 散文教学不符合散文体式。把散文教成小说,教成说明文、议论文,都是不顾文章体式的表现。目前,这类现象似乎已有减少的趋势。

2. 散文教学不考虑当下阅读文本的具体特性。"这一篇"散文教得像"这一类"散文,或将所有的散文教成同一类散文。

3. 不注重散文中蕴涵的情感而去关注散文中所涉及的事物。

4. 不注重通过品味文本精妙的语言去感受作者的情感,把作者的情感抽象化、概括化,然后让学生作贴标签式阅读。

如何确定散文教学内容,李海林老师执教的《幽径悲剧》为我们提供了一份答案。

### 热身活动

阅读本专题之前,请先完成下列两项热身运动。

一、关于散文教学内容的确定,近来有两种不同的观点:一种认为,依据文本体式确定教学内容,关键是引导学生往"散文里"走、往"作者的独特经验里"走;另一种则认为,散文教学要超越文本体式的约束,走向哲学思维。因此《幽径悲剧》一文的教学内容分别就有以下两种设计。

设计一:把握作者自述所感的方式,体认作者个性化的感受,作者自述所感的方式就是这篇散文作者抒发思想情感的两种方式:①直接陈述;②隐藏在语气语调中。

设计二:面对文本记叙的事件,从事件发生的时间、空间、事物存在的状态以及作者对事件的感受,体会文本的"悲剧味"。

对此,你有怎样的看法?

二、对《幽径悲剧》这篇散文的意蕴,历来有多种看法,你同意以下哪种观点?为什么?或者你可能还有自己独特的认识,请谈谈你的看法。

1. "幽径"代表深邃的文化、文明,"悲剧"就是指对文化和文明的伤害;砍伐幽径上的古藤,暗寓文化、文明与愚氓之间的对立、冲突。这就是《幽径悲剧》深刻的寓意。

2. 本文表达了作者对"愚氓灭美"现象的强烈控诉,意在唤醒人们对美好事物的珍视,对生命的敬畏,对文化、对历史的尊重。

3. 一个独特的人面对独特的对象获得独特的感受,最后只落得无穷无尽的无奈、悲凉和伤感,这种无奈、悲凉和伤感,既是对幽径的,也是对古藤的,更是对自己和人生的。

4. 主题多元。有悲悯情怀,有孤独的痛苦,有无奈的悲哀,有对"文革"的愤怒,有对世人麻木、自私、冷酷、功利的批判。

### 教学实录

**师:** 课文同学们都预习了吗?

生：预习过了。

师：**那我就检查一下喽**。问一个词语吧，如果你们能准确地解释它，那就是真的预习过了。大家看第10段第2句："它成了燕园中藤萝界的鲁殿灵光。""鲁殿灵光"是什么意思？

> 【观察者点评】语文课经常看到"激情导入"或"创设情境"导入，这节课是以检查预习方式导入的，在这里起到什么作用？

（生举手）

师：哦，那你来讲。

生：汉代鲁恭王建造了一座灵光殿，历经战乱而不毁。比喻硕果仅存的人或物。

师：看来同学们真的预习过了。那好吧，就不检查了。我问一个比较难的问题，请大家看课文题目："幽径悲剧"，什么叫悲剧呀？

（生举手）

师：哦，请把你知道的写到黑板上。

生：（上黑板写）把有价值的东西毁灭给人看。

师：哦，这是关于悲剧最经典的解释。同学们，什么是悲剧？第一，必须是"有价值的东西"；第二，这个东西必须被"毁灭"掉；第三，还必须"给人看"。这个定义真是简明扼要，同学们一齐把这句话念一遍，预备齐。

（生齐声念）

师：那么，我们今天学习的这篇课文写到的"被毁灭"的"有价值的东西"是什么？

生：燕园中的那棵古藤萝。

师：哦。同学们预习得可真认真。每篇课文你们都预习得这么认真吗？

生：是呀。

师：如果同学们每篇课文都预习得这么认真，那你们的语文肯定能学好。我再问一个更难的问题：悲剧是把有价值的东西毁灭给人看，那么这篇课文写到的这个被毁灭了的藤萝，其"价值"在哪儿呢？它有什么"价值"呢？

（生看课文，思考）

【要点评议】

以上为本课的教学环节一：从"外在的言说对象"，转向文本之内，即作者

"个人化的言说对象"。

◎ "鲁殿灵光"是什么意思?

◎ 什么叫悲剧呀?

◎ 我们今天学习的这篇课文写到的"被毁灭"的"有价值的东西"是什么?

◎ 这篇课文写到的这个被毁灭了的藤萝,其"价值"在哪儿呢?它有什么"价值"呢?

师:你们看到过藤萝吗?(有同学说没看到过)老师所在学校就有一棵藤萝,老师拍了几张照片,同学们想不想看?

生:(齐声)想。

师:(放照片给同学看)漂亮吧?

生:漂亮。

师:再看一张,漂亮吧?

生:漂亮。

师:还想看吗?

生:想。

【观察者点评】现实中的藤萝与季羡林笔下的藤萝,肯定不是一回事,所以,学生看照片上的藤萝产生的感受,和"看"文中季羡林描写的藤萝所产生的感受,难道会一样吗?

师:没有啦。(学生笑)课文里有描写的,我们看课文吧。课文中集中描写藤萝的是哪一段?

生:第8段。

师:那我们把第8段齐声朗读一遍。

(生读课文)

师:你们喜欢"这一棵"藤萝吗?

生:喜欢。

师:作者喜欢"这一棵"藤萝吗?

生:喜欢。

师:你从哪里看出作者也是喜欢的?

(生看课文,思考)

师：请同学们看课文第 10 段最后一句话，大家齐声把它念出来。

生：（齐声念）"其中情味，只有我一个人知道，不足为外人道也。"

师：作者说，这一棵藤萝给自己的感觉，或者说，自己从这一棵藤萝中感觉到的"情味"，只有他一个人知道，还不愿意跟别人说。那么，你们知道吗？请大家再读一遍第 8 段。

（生读课文）

师：第一，看了作者对藤萝的描述，你喜欢藤萝吗？

生：喜欢。

师：喜欢藤萝的什么呢？

生：喜欢藤萝有力量。

师：你从哪里看出藤萝有力量？

生："大有直上青云之概"。

师："直上青云"，有力量。

生：很美。

师：你从哪里看出它很美？

生：就是这里，还有，"隐约看到一朵朵紫红色的花，颇有万绿丛中一点红的意味"。

师：的确很美。藤萝很有力量，很美，这是你们的感觉。藤萝给作者什么样的感觉呢？

生：很快乐。

师：你是从哪里可以看出作者很快乐的？

生：最后一句，"顾而乐之"。

师：哦，作者直接告诉我们了，"顾而乐之"，他很快乐。那么，同学们还可以从哪里感受到这种快乐呢？

生："它既无棚，也无架，而是让自己的枝条攀附在邻近的几棵大树的干和枝上，盘曲而上，大有直上青云之概。"

师：这是对藤萝的描绘。我们在很快乐、很开心的情况下，就会细细地具体地来描绘一个事物，心情不快乐、不开心，就没有这样的闲心。所以我们从这里可以感觉到作者很快乐。很好。

生："一股幽香蓦地闯入鼻官，嗡嗡的蜜蜂声也袭入耳内"。

【要点提炼】要区分藤萝给读者的感受和给作者的感受，阅读散文首先要体会和认识作者的感受，要从文本内部字里行间读出来。

**师**：你从哪里可以感觉到作者的心情是很快乐的？

**生**：描写得很生动。

**师**：哪里描写得很生动？

（生迟疑）

**师**："闻"用得好不好？"袭"用得好不好？

**生**：好。

**师**：怎么好？

（生迟疑）

**师**：哈，我这是追问。你请坐。"闻"是写香气扑面，"袭"是写声音之细。反正都是写感觉好，有香气，有细细的声音。作者说，这些东西给我的感觉好呀，所以你从这里看出作者的心情很快乐，是吧？还有吗？你们还可以从哪里看出作者的心情好？我给你们读两句吧："大有直上青云之概"，"颇有万绿丛中一点红的意味"，你们从这里可以看出作者的心情吗？

> 【要点提炼】这就是"品味语言"。这里的"语言"实际是"言语"，即语言表达，亦即对语言的运用。所谓"品味语言"，简言之，就是学生看不出好的地方，老师要指给他看，学生感受不深的地方，老师要解释给他听，并让他们产生深度感受。品味语言，广义上讲，包括文法、章法、句法、词法等，对语文阅读教学而言，品味语言，重点是句法和词法，对篇章的理解必须要通过具体的字、词、句的解读来落实。

（生思考）

**师**：这里是引用了古诗句。"直上青云"引用了什么诗句呀？不知道吧。我告诉你们，李白的"忽蒙白日回景光，直上青云生羽翼"。"万绿丛中一点红"也是引用了古诗句，你们可能不知道，"万绿丛中一点红，动人春色不须多"。现在的问题是：为什么引用了古诗句就表达出了作者的快乐与开心呢？我们在什么情况下会引用诗句来说话呀？

**生**：得意的时候吧。

**师**：对呀。人得意的时候，会情不自禁地用诗句说话的。这里还有一些地方透露出得意之情的。你们看"顾而乐之"，这是什么句式？

**生**：有点文言的味道。

**师**：对。我们读文言句子的时候，就有点摇头晃脑的感觉。摇头晃脑，就是得意呀。还有一句，你们看，"眼前无藤萝，心中也无藤萝"，这是仿古人的一个句子，哪个句子？

（生思考、回忆）

**师**：郑板桥的句子。

（生跃跃欲试，但想不起来）

**师**：关于竹子的。

（有学生小声说：画竹）

**师**：对，眼中无竹，胸中有竹。看不见竹子，但心里有竹子，所以画出来的竹子才有神。"眼前无藤萝，心中也无藤萝"，这是仿古人的句子，人高兴、得意的时候，就会化用古人的句子来说话，高兴呀。好，我们用一句话来总结就是：藤萝给了作者快乐。同学们再看第 10 段，这里还有一个词直接点出作者对藤萝的感觉。你们找找。

【观察者点评】在上面的环节中，师生是通过哪些语句体会出来的？

（学生看课文，有学生小声说：安慰）

**师**：这个同学说得对："惟一的一点安慰就是幽径中这一棵古藤。"给"我"快乐，给"我"安慰，这就是作者体味到的藤萝的"情味"。同学们明白作者所说的"其中情味"指的是什么了吧。作者说，这种情味，只有他一个人知道，其他人是不知道的，但是我们知道了。文章前 10 段，是写藤萝的"有价值"；后 6 段，是写藤萝的"被毁灭"。其中直接写藤萝的"被毁灭"的是哪一段？

**生**：第 11 段。

**师**：大家一起念一遍。预备齐。

（学生读）

**师**：（出示一张图片）同学们看，这是一棵古藤，上面开满了漂亮的花，这是藤干，这个地方被人砍断了，这棵藤萝就没有办法活了，上面的花过几天就要死了。可惜可惜。

在文章的后半部分，也有一句与"其中情味，只有我一个人知道，不足为外人道也"相类似的话，同学们找找看，在哪里？

**生**："这一棵古藤的灭亡在我心灵中引起的痛苦，别人是无法理解的。"

【要点提炼】作者直接抒情，明白地告诉读者，这里表达的可是"我"自己的感受呀，所以读散文，就是以己之心，体贴作者之心。

**师：**（出示季羡林的照片）同学们，这就是作者，北京大学的著名教授，国学大师，2009年去世了。他说，他的痛苦，别人是无法理解的。我们今天读他的文章，能理解他的痛苦吗？能理解他心中的情感吗？讲到这里，讲到了学习这篇课文最关键的地方了。同学们看PPT：

> 小说是旁述体，剧本是代言体，诗歌是韵体，散文是什么体？自述体。我们读小说，主要是读什么？是读故事情节吧。我们读剧本，是读什么呢？是读人物的语言吧。我们读诗歌，是读什么呢？是读诗句的节奏与韵律吧。比如，我读一首诗，你们不要想我读的这首诗的内容，只听它的节奏与韵律："故园东望路漫漫，双袖龙钟泪不干。马上相逢无纸笔，凭君传语报平安。"你们只凭诗歌的节奏与韵律，感觉到作者是一种什么样的情感？

【观察者点评】想一想，"自述体"是什么意思？

**生：**悲。

**师：**对。读诗歌，就是要读出节奏与韵律。读散文呢，直接读出作者的思想感情。读散文，就是要走近作者，就是要以己之心，体贴作者之心。同学们，把这句话记下来：读散文，就是以己之心，体贴作者之心。

---

【要点评议】

以上为教学环节二：从文内的描述对象，转向作者所抒之情，即作者"独特的情感认知"。

1. 关于第8段

◎ 课文中集中描写藤萝的是哪一段？

◎ 你们喜欢"这一棵"藤萝吗？

◎ 那你们看作者喜欢吗？

◎ 你从哪里看出来作者也是喜欢的？

◎ 你从哪里可以看出作者很快乐？

◎ 那么，同学们还可以从哪里感受到这种快乐呢？

◎ "大有直上青云之概","颇有万绿丛中一点红的意味",你们从这里可以看出作者的心情吗?

◎ 现在的问题是:为什么引用了古诗句,就表达了作者的快乐、开心呢?

2. 关于第 11 段

◎ 其中直接写藤萝的"被毁灭"的是哪一段?

◎ 我们今天读他的文章,我们能理解他的痛苦吗?我们能理解他心中的情感吗?

那么,我们怎么样体贴作者之心呢?有两个办法:一个办法(演示 PPT)——找作者直接的陈述。比方说,你们问我,你来扬州,心情怎么样?我说:我很高兴。这就是直接陈述。同学们,你们看课文 11 段到 16 段,把所有含有"我"的句子找出来。

(学生读课文,找句子)

师:一共 28 句,你们找出这么多来了吗?这些句子中,有些是有表示心理活动的动词的,比方第 11 段第 1 句"我快乐得太早了","快乐"就是一个表示心理活动的动词。请同学们把其余 27 句中有心理动词的句子划出来。

【观察者点评】这一学习活动的设计意图是什么?请继续往下看。

师:请一个同学来念一下。

生:"我的眼前一闪,吓了一大跳。"

师:就是"我害怕"的意思,是吧?继续念。

生:"这一棵古藤的灭亡在我心灵中引起的痛苦,别人是无法理解的。"

师:这是"我痛苦"。好,你请坐。请这位同学继续念。

生:"我真有点怕走了","我不敢再看那一段悬在空中的古藤枯干"。

师:这是"我怕","我不敢"也是"我怕"。

生:下面还有"我毛骨悚然"。

师:"毛骨悚然"是什么意思?

生:还是怕。

师：好的。这里连续有几句话都是说"我怕"。作者怕什么呀？

生：怕看见那棵古藤。

师：他为什么怕看见它呢？他胆子小吗？

生：不是。

师：那是因为什么？

生：因为他太痛苦了。

师：对。同学们已经能够体贴作者之心了。最后还有一句含有心理动词的句子，是哪一句？

生："我简直是悲哀至极"。

师：好的，我们把作者对自己思想感情的直接陈述概括为两句话：一是"我痛苦"，一是"我悲哀"。意思都是一样的。

下面，还有一种把握作者思想感情的办法，这种办法更重要。你们问我：你到扬州来，高兴吗？我说，我高兴，我很高兴，我太高兴了，我高兴得要死。你们听听，我真的高兴吗？

生：（笑）不高兴。

师：哎，我不是明明说我高兴吗？你们是从哪里听出我不高兴的呢？

生：从你说话的口气里听出来的。

师：哦，人们说话，是有口气的，就是所谓的语气语调。我们听别人的话，不但要听他说了什么，更要听他说话的语气语调。有的时候，这种语气语调甚至与他说的话的内容恰好相反。这就是所谓听话听音。我们看散文也一样，要看它的话外之音、言外之意。**同学们读一下课文的第 15 段，看看这一段是什么样的语气语调，这个语气语调有什么特点？你从这样的语气语调中感受到作者什么样的思想感情？**

【观察者点评】你也来读一读吧，是怎样的语气语调？

生：老师，慢点讲，我们记不得。

师：哈哈哈，老师问多了。好的，简单点，就是这段话给你什么样的感觉。这样简单了吗？

（生读课文）

师：什么感觉？你来讲讲。

（生站起来后没有说话）

**师**：哦,有点困难哟。那这样,我们用比较法。同学们与第8段对照着来读,看给你的感觉有什么不一样。(在黑板上画表格)这样,同学们把自己的感觉填到这张表上。

| 段落 | 语气语调给你的整体感觉 | 你从这种语气语调体会到的作者的情感 |
| --- | --- | --- |
| 8 | | |
| 15 | | |

**师**：请两位同学把你填的内容写到黑板上来。

（两位同学填上自己写的内容）

| 段落 | 语气语调给你的整体感觉 | 你从这种语气语调体会到作者的情感 |
| --- | --- | --- |
| 8 | 同学1:美 快乐<br>同学2:幽静 芬芳 | 同学1:喜爱 快乐<br>同学2:高兴 快乐 |
| 15 | 同学1:悲伤 凄凉<br>同学2:悲惨 无力 | 同学1:悲伤 希望不发生<br>同学2:抱怨 解嘲 无奈 |

**师**：我们来看看他们填的内容。第8段同学填的是"美"、"快乐"、"幽静"、"芬芳",哦,连气味都感觉到了,感觉到作者的情感是"喜爱"、"快乐"、"高兴"。第15段第一位同学填的内容是"悲伤"、"凄凉"。我们请这位同学说说你是从哪里读出"悲伤"和"凄凉"的。

**生**："古藤的哭泣声恐怕只有我一个能听到。"

**师**：你觉得这是一种什么语气语调?

**生**：凄凉。

**师**：哦,是有点凄凉。好的,你从这种语气语调中体会到作者悲伤的感情,是吧。你从哪里体会到作者"希望不发生"的思想感情呢?

**生**："所有这一些偶然性都集中在一起,压到了我的身上。我自己的性格制造的这一个十字架,只有我自己来背了。"

**师**：你从这句话中看出来作者"希望不发生"的愿望,好的。下面我们再请第二位同学来说说你从哪里感到作者的"无力"。

（学生没有说话）

**师**：那我来读读，你看是不是无力的语气语调，好吗？

（教师读 15 段）

**师**：同学们觉得无力吗？

**生**：不是无力。

**师**：那是什么？

**生**：是无奈。

**师**：啊，这位同学写到的，你看，在这里——"无奈"。请问，你从哪里读出无奈的？

**生**：就是最后一句："我自己的性格制造的这一个十字架，只有我自己来背了。奈何，奈何！"

**师**：好，读出了点无可奈何的味道。其实，这篇课文后半部分，有好几个地方都有点无奈的味道。你们看看，还有哪里？

**师**：我念，你们想想，这里为什么是无奈的。（教师念："我是一个没有出息的人"、"我注定是一个渺小的人"、"世界上像我这样没有出息的人，大概是不多的"）这几句话是什么意思呀？

（学生思考）

**师**：作者说自己是一个没有出息的人。你们觉得作者是没有出息吗？

**生**：不是。

**师**：那作者为什么说自己没有出息呢？

（学生思考，回答不出）

**师**：这个问题有点难。我举个例子来说：前几天我听了一堂数学课，老师给学生讲了一个题目，然后问同学们，你们懂了吗？同学们说不懂。老师说那我再讲一遍，讲完后问同学们，你们懂了吗？同学们说还是不懂。老师说：哎，我真恨我自己，恨我自己怎么这么笨，就是教不会你们，我真笨。你们说，这个老师真的认为自己笨吗？

**生**：不是的。

**师**：那为什么他要说自己笨呢？

**生**：无可奈何。

**师**：对，就是无可奈何。人在无可奈何的情况下，只能说自己不行，只能怪自己。

【观察者点评】这里请留意，老师引导学生的感受往细腻处走，使学生的体验更精准。

同学们注意了,我们读散文,不能看作者自己说自己怎么样就觉得是怎么样,还要看他为什么要这么说,他这样说意味着什么。这也是话外之音,言外之意。下面老师总结一下这堂课的内容(演示 PPT):

散文抒发作者的思想情感有两种方式:直接陈述;隐藏在语气语调中。

我们不但要善于从作者的直接陈述中领悟到作者的思想感情,更要善于从作品的语气语调中把握作者的思想感情。

这句话很重要,请同学们记下来。边记边念,记得牢一些。

**师:**同学们记下来了吧。好,今天的课就上到这里,下课。

> 【要点提炼】通过两条路径可以体味本文作者独特的情感:一是从作者的直接陈述中领悟,二是从作品的语气语调中把握。此乃本课教给学生的关于这篇散文的阅读方法,也是这节课核心的教学内容。

【要点评议】

以上为教学环节三:从作者的直接抒发,转向"个性化的言语表达",体会情感的细腻处。

◎ 那么,我们怎么样体贴作者之心呢?

1. 找作者直接的陈述

◎ 你们看课文 11 段到 16 段,把有"我"的句子找出来。请同学们把这 28 句中有心理动词的句子划出来。

2. 要看它的话外之音,言外之意

◎ 你们来读一下课文的第 15 段,你们看看这一段是什么样的语气语调,你觉得这个语气语调有什么特点,你从这样的语气语调中感受到作者什么样的思想感情。

◎ 同学们把自己的感觉填到这张表上:语气语调给你的整体感觉;你从这种语气语调体会到的作者的情感。

◎ 你觉得这是一种什么语气语调?

◎ 其实,这篇课文后半部分,有好几个地方都有点无奈的味道。你们看看,还有哪里?

## 问题研讨

李海林执教的《幽径悲剧》，对散文教学内容的确定，提供了以下启示。

### 一、散文教学要从"外"回到"里"

散文教学要从"外"回到"里"，也就是从"外在的言说对象"回到"散文里"，从被抽象化的"精神、思想"，回到"作者的独特经验里"。平常老师们常说的不要脱离文本，要紧扣文本，就应该包含这层意思。这节课是从"外"回到"里"的自觉实践，其教学内容的落点明确，可以明显看出有三个节点，而这三个节点，标志着三次转向：第一，从"外在的言说对象"转向文本之内，即作者"个人化的言说对象"。第二，从文内的描述对象，转向作者所抒之情，即作者"独特的情感认知"。第三，从作者的直接抒发，转向"个性化的言语表达"，体会情感的细腻处。

### 二、体认散文作品中作者的个性化情思有两条路径

通过两条路径可以体认本文作者的个性化情思：一是从作者的直接陈述中领悟；二是从作品的语气语调中把握。这两条路径都需要引导学生体味作品精准的语言。此乃本课例所确定的核心教学内容，也是本课例教给学生的散文阅读知识——一种散文阅读的策略。

### 三、依据散文的文本体式确定教学内容

时下语文教学界对"体式"的理解不无偏差。传统文论倡导"内容"和"形式"二元论，认为"形式"指的是"怎么写"，"内容"则指"写什么"。受到这种观念的影响，许多人将"体式"错误地等同于"形式"。其实，现代文论早已明言，"写什么"和"怎么写"是统一的、不可分的，文本解读是通过把握"怎么写"来理解作品"写什么"。"体式"指的是文本的个性特征，是由"内容"（内蕴之质）和"形式"（外显之形）相统一所构成的特定的言语系统。"体式"不等于"形式"，更不等于"写作手法"或"表达技巧"。散文的阅读需要依据体式，即通过把握文本个体的"外显之形"，去理解其内里所蕴蓄的丰富的"内蕴之质"，而散文的阅读教学，就是教师指导学生去实践和实现这一阅读过程，所以，合宜的散文教学内容，也就是在这一阅读过程中教师所教和学生所学的散文阅读知识。散文教学需要坚持这一理念，李海林老师的这节课很好地实践了这一理念。

**资源链接**

1. 张国俊.艺术散文创作论[M].北京:中国社会科学出版社,2007.
2. 张永林.《幽径悲剧》教学实录[J].语文教学通讯,2006(7—8).
3. 彭晨曦.《幽径悲剧》教学实录[J].语文教学通讯,2011(17).

**后续学习活动**

**任务1**:学习李海林老师的《幽径悲剧》教学实录,尝试从教学目标与教学内容两个方面谈谈你的认识和感受,下面的一个表格能够为你的思考提供帮助。

| 《幽径悲剧》课例分析 | | | |
|---|---|---|---|
| 教学目标 | 教学内容 | | |
| | 教师教的活动 | 学生学的活动 | 我的思考 |
| | 一、<br>二、<br>三、<br>四、<br>…… | 1.<br>2.<br>3.<br>4.<br>…… | a.<br>b.<br>c.<br>d.<br>…… |

**任务2**:李海林老师在课堂教学中讲道:"小说是旁述体,剧本是代言体,诗歌是韵体,散文是自述体。"首先,请你揣摩一下李老师说这话的目的,换言之,就是在教学中引入此知识的设计意图是什么。其次,你是如何理解这四种文学体裁的特点的?每一种体裁的阅读方式又有什么不同?

**任务3**:你上过这篇课文吗?还记得自己是怎么上的吗?请将李海林老师的课例与你的课作比较,谈谈你的感受。

**任务4**:围绕《幽径悲剧》这篇课文的教学,在你的教研组或备课组内组织一次课例研究活动,建议采取下面的程序:共同备课——上课——课例研讨——二轮教学设计——二轮上课——二轮研讨。请特别注意,如果想让本次活动更有成效,一定要聚焦全体成员都迫切需要解决的共性问题,努力保证课例研究的过程就是一次问题解决的过程。

# 散文教学如何"品味语言"
## ——黄厚江《葡萄月令》课堂教学研讨

### 执教教师简介

黄厚江,特级教师,江苏省首批正教授级高级教师。教育部"国培计划"专家库专家。著有《语文的原点——本色语文的主张和实践》《享受语文课堂》《语文课堂教学诊断》等。

### 课例导读

散文难教,主要难在它的文体不拘一格、形态多样,且没有定法成规,每一篇散文都是独特的"这一个",所以散文阅读教学也没有多少共性的教学方法可以拿来就用。基本上可以说,一篇散文有一篇散文自己的读法,一篇散文课文有属于它自己的个性的教法学法。但是,这也并不是说散文教学就无规律可循、无原则可依。整体上讲,"品味语言"就几乎是教每一篇散文都要做的事。原因自然不难理解,散文没有很多技巧可以凭借,主要就得依靠语言本身。"散文产生美感的原因,不外乎两点:一是思想情趣的美,二是语言文字的美。这两者是相辅相成、互为表里的。"[1]散文阅读,自然是一个披文入情、因言求意的过程;散文教学,当然应该是一个教学生"品味语言"的过程。

---

[1] 佘树森.散文创作论[M].北京:北京大学出版社,1986:173.

毫无疑问，老师们在教汪曾祺的散文《葡萄月令》时，都会把"品味语言"作为核心的教学目标，既然作为目标，就应该既是教学的出发点，又是教学的归宿。但一些老师又是怎样理解和实践"品味语言"的呢？下面两种情况值得我们反思。第一种情况，明明教学目标确定为"品味本文淳朴自然、口语化的语言"，但教学过程中往往只把"品味语言"当作方法，目标蜕变成对汪曾祺的性情或情感的把握，即感受汪曾祺热爱生活、积极乐观的情怀。落点不在品味语言，而在理解语言所传达的情感。典型的现象是，老师不断地让学生到文中去找能够表现作者情感的语句。这种"品味语言"，实际上是老师先给学生一个答案，然后让学生到文中去散乱地寻找能够证明这个答案的依据。第二种情况稍微好一点，虽然试图将"品味语言"当作教学目标来处理，但是对语言只作浅表化的解释，不能促进学生对汪曾祺语言的精妙之处产生深刻的理解和感受。比如，汪曾祺的语言具有口语化的特点，就让学生找到这样的句子，像："一串一串剪下来……倒怕是装不紧，逛里逛荡的。那，来回一晃悠，全得烂！"再从中找到哪几句、哪些词是口语，好了，这就算是品味口语化的语言特点了，至多再告诉学生：这样写显得亲切、自然、活泼等等。那么，学生对口语化语言的品味，到底学到了些什么呢？恐怕只学到了这样的"语文知识"——凡是运用口语的语言就有口语化的特点，口语化的作用就是亲切、自然、活泼。如此而已，好像不需要老师教，学生自己也能体会得出来。

品味语言，需要引导学生往这篇散文精妙的言语表达的细腻处走，需要挖掘出字里行间所蕴含的意思、意味，需要让学生对言语表达产生情境性的想象和推断，需要让学生见识到作者言语表达的功力。那么，散文教学如何才能做好"品味语言"？黄厚江老师执教的《葡萄月令》给出了部分答案。

**热身活动**

阅读本专题之前，请先完成下列两项热身运动。

一、阅读《葡萄月令》，品味语言，可以从下面几个维度入手：

1. 文体：月令。提示：文体是言语表达中具有结构意义的范畴，也属于品味语言的对象，想一想，汪曾祺为什么用"月令"这种古代历书的文体来写葡萄？

———————————————————————
———————————————————————
———————————————————————

2. 语调:语调表达一定的情感。品味散文的语言,特别要注意作品的基调。请思考:《葡萄月令》的语言基调是怎样的?

_____
_____

3. 词语:单音节词、短语、方言、口语。比如单音节词的使用,细读文本,看看这篇散文用了哪些传神的单音节词,有怎样的效果?

_____
_____

4. 句式:长短句的交错使用,疑问句、感叹句的恰当表达。比如短句,请你找出文中精妙的短句,加以赏析。

_____
_____

5. 标点:逗号、句号、感叹号、问号的巧妙使用。想一想:汪曾祺为什么在文中使用了大量的句号?

_____
_____

6. 语态:任何文体都存在叙事角度和叙事方式的问题。《葡萄月令》的语态独具特色,其基本的叙事角度是第三人称,所以大部分是在客观地叙述、介绍或描写,但有时又会转为第一人称,并且是转化为直接的人物语言,仿佛作者直接在跟我们讲话。

比如:"葡萄喝起水来是惊人的。它真是在喝哎!"

又如:"我们还给葡萄喷一次波尔多液。哦,下了果子,就不管了?人,总不能这样无情无义吧。"

品味这两句,你觉得这种语态好在哪里?还可以再从文中找到类似的句子吗?

_____
_____

二、阅读下面的课堂教学片段，回答问题。

### 《葡萄月令》教学实录片段[①]
#### 曹勇军

**师**：一起来看八月，全班一起读。

**师生齐读**：（提醒学生酝酿一下，调整好情绪）"八月，葡萄'着色'……去吧，葡萄，让人们吃去吧！"

**师**：读得很好！在其他两个月的大家互相帮扶之中，我们现在处理这个"八月"就很好，要讲不足呢，就是在文字背后那种喜悦和快乐的情感还可以再充分一点。（提醒学生课后再读一读）

**师**：读完了这几节文字，我们发现汪先生的语言真好。他曾经讲过，"好的语言就像揉面，要软熟，要劲道，有劲儿，像流水一样地顺畅，读起来特别顺，读起来有一种我们汉语特有的节奏之美，甚至有一种天籁之音"。这样一种像流水一样丁丁当当的流畅的节奏之美，是怎么造成的呢？

**生**：文章有很多口语，读起来像家常话一样，让人感到非常亲切。而且作者是从果农的角色来写这篇文章的，有丰收的喜悦还有期待，语言非常地自然、亲切。（板书：口语化）

**师**：讲得很好！口语的使用使文章特别活泼、俏皮，使文章具备了生活中那种喜悦的感觉。例如我们刚才读的时候用着重的办法，分享了他的这种喜悦。大家可以好好分享。还有没有其他方法啦？

**生**：作者本身就经常接触劳动人民，对葡萄的种植非常了解。

**生**：我觉得刚才同学说"接触"还是不够的，作者肯定亲身体验过种葡萄的各个过程，所以才能把这些细节描写真实，让读者觉得仿佛在亲身经历，所以我们在写文章的时候，只有把自己亲身经历的东西写出来才能自然流畅。

**师**：这位同学回答的是，作者要有亲身经历才能写出自然流畅的作品。刚才曹老师问的问题是：为什么这里语言读起来有像流水一般的丁丁当当的节奏之美？再听听其他同学的意见。

（学生互相启发、总结）

**生**：采用了许多短语，没有过多的修饰语，不累赘，读起来朗朗上口。

---

[①] 曹勇军.《葡萄月令》教学实录. http://caoyongjun.blog.zhyww.cn/archives/2012/201252163032.html.

师：短语很多，短语很有味儿，不啰嗦，简洁明快，朗朗上口，一气呵成。能不能举一些例子？

生：如八月份，在第二节里面"不是的"三个字，没有像其他大家一样用很多华丽的修饰词，但他照样能达到传情达意的效果，而且让读者感觉特别自然。

师：刚才同学说到短语句，并举出了例子，短语句表达简洁、明快，能表达特别的效果。大家再体会一下"五月"。

师：这种短句特别有味道，作者特别喜欢用句号，有时2—3个字就用句号，很多地方就如同没有分行的诗歌，不怎么用关联词，关联词能不用就尽量不用。这样的语言就特别简洁，特别干净，有特殊的韵味。

师：汪先生曾经讲过：文章之妙，往往在字里行间。常常这个文字要有似断实连的效果。（板书：似断实连）让我们一起来体会一下。

思考与研讨：上面的课例片断中，曹老师都教了什么？是怎样教的？教得如何？试着将你的思考填入下面的表格中。

| 课例研讨 | | | |
| --- | --- | --- | --- |
| 教学目标 | 教学内容 | 教学方法 | 我的反思 |
|  |  |  |  |

**教学实录**

师：我们今天学习汪曾祺的《葡萄月令》，课前把课文看过三遍的同学请举手（没人举手）；看过两遍的请举手（没人举手）；看过一遍的请举手（少数同学举手）；一遍也没看的请举手（半数以上的同学举手）。向你们的坦诚表示敬意，很多同学学语文是不预习的。其实不预习也不是大错，我们上课一起好好学，一样能把课文学好。

【要点提炼】
黄老师简单地了解了一下学情，对学生课前不预习，表达了委婉的批评。

**师**：据说,汪曾祺先生写了这篇散文以后,非常得意,后来人们一般也把它当作汪曾祺的代表作。(板书:代表作)可是它能"代表"什么呢?这是一个有意思的问题。很多人认为它首先能代表的是汪曾祺的"汪氏语体"(板书),汪曾祺的散文和一般人不一样,这不一样首先体现在语言上,究竟是什么语体?请同学选课文中的一小段,通过你的诵读,读出"汪氏语体"的特点。

**生1**：(朗读课文中描写"五月、浇水"的选段,语气平淡,语速中等)

**师**：大家认为他读得怎么样?认为读得好的请举手。(多数同学举手)这么多同学认为读得好,这位同学说说好在哪里?

**生2**：他读出了汪曾祺先生语言的特点,就是平淡、朴实、自然。

**师**：很好。这篇文章其实不好读,一般来说情感比较外显的文章比较好读,而这种情感比较内敛的文章很难读,因为它不能用语音的技巧,一用,就破坏了文章的原汁原味。就如我们这位同学归纳的,这篇文章的语言特点是平淡、质朴,读这类文章的最高技巧就是不用技巧。刚刚那位同学读得非常好,他读得很陶醉。如果让我建议的话,我认为还可以读得再慢一点,节奏还可以再舒缓一点,这样能将这种平淡的味道表现得更好。

【要点提炼】学生能说出汪曾祺平淡、朴实、自然的语言特点,这是一种高度概括,是基于整体的朦胧的阅读感受而产生的一种直觉体验,所以还需要细读,将这种感受清晰化。

**师**：品味一篇文章的语言,更重要的是从语言本身入手。有人说这篇文章语言的特点就体现在好几个"多"上。请同学们仔细阅读文本,看看能找到语言的几个"多"?(板书)找到越多的"多",说明读得越细、越深入。大家发现几个"多"了?找到一个就说一说。(学生阅读课文,小声讨论)

【观察者点评】我们也来找找看。

**师**：找到"多"的举举手。(有学生举手找到一个,有学生找到三个)

**生3**：首先找到很多描写时间的词。

**师**：这些表现时间的词有何作用?

生3：成为全文的线索。

师：这篇文章行文是以什么为线索？

生3：他种下了葡萄,1月到12月,是葡萄的生长过程。

师：这个"多"很好地体现了文章的结构特点。再找找语言方面的"多"。

生3：文中写色彩的词语多,还有很多的语音助词。

师：举个例子说说。

生3：比如说,"树枝软了"、"树绿了"、"树醒了"。

师：这位同学找得很不错,其他同学有没有找到？

生4：描写多,抒情多。

师：抒情有直接有间接,那么是直接抒情多还是间接抒情多？

生4：直接抒情多。

师：哪些句子是直接抒情的？（学生未能举例）找了半天还没找到,说明（直接抒情）多不多？

生4：不多。

师：不要轻易下结论,也不要因为找不到而着急。老师和你们一起找好吗？从句子长短来看,文中长句多还是短句多？

生（齐）：短句多。

师：再从修辞的角度看,哪些修辞手法运用得多？

生（齐）：拟人多,比喻多。

师：从整篇文章来看,用比喻的句子多还是不用的多？

生（齐）：不用比喻的多。

师：不用比喻的语言是什么语言呢？

（学生在下面说：白描、平实）

师：对。所以,虽然文学性的语言不少,但总体来讲,口语化的语言比较多。（板书：口语多）可见,文章的"淡",主要就体现在口语多上。如果这篇文章就是淡,就是口语化,它就算不得是散文语言的极品。这篇散文是淡,但是淡得好,那什么样的语言淡得好呢？

生（齐）：淡而有味的语言。

【观察者点评】想一想,淡而有味的语言,体现在文中的哪些字、词、句上？

师：这篇文章淡而有味的"味"体现在哪里呢？它运用了口语化的语言，同时又有文学的色彩，这非常难，一般人写不好。要把口语的语言和文学的语言融合得天衣无缝，这非常非常难。它的句式是短的多，其中有没有长句啊？

生（齐）：有。

师：长句和短句又结合得这么好，这也增加了语言的味道。当然，更重要的味道就像吃葡萄一样，我们还要慢慢地欣赏。因为语言的"味"不仅仅在语言本身。

【要点评议】

环节一：整体感受本文"淡而有味"的语言特点

1. 选择文中一小段，读出"汪氏语体"的特点

◎ 汪曾祺的散文和一般人不一样，首先体现在语言上，究竟是什么语体？

◎ 认为读得好的请举手，请一位同学说说好在哪里？

2. 细读文本，找到语言的几个"多"并加以体会

◎ 本文语言的特点就体现在好几个"多"上，仔细阅读文本，看看能找到语言的几个"多"？

◎ 写色彩的词语多，还有很多的语音助词。

◎ 直接抒情多还是间接抒情多？

◎ 长句多还是短句多？

◎ 哪些修辞手法运用得多？用比喻的句子多还是不用的多？

◎ 这篇文章"淡而有味"的"味"体现在哪里？

师：除了语言，在写法上，这篇文章也是汪氏散文的代表（板书）。那么，这篇文章的写法有什么特点？

生5：这篇散文是以时间为序来安排结构的。

师：大家在读的时候觉得这篇散文是很讲究技巧，还是不讲究技巧？

生（齐）：不太讲究技巧。

师：也就是说写法比较简单（板书）。武术里有句话叫"无招胜有招"，而在文章里面，没有技巧往往就是

【观察者点评】想一想，"语言"和"写法"有什么不同呢？

最高的技巧。这么简单的写法能写出精品，自有其艺术的规律在其中。简单却能体现其艺术的匠心，请同学们围绕这一点谈一谈，它"简单"中的匠心体现在哪里？

（学生讨论）

生6：文中还写到别的树，丰富了文章的内容；色彩也很丰富，展现了非常美丽的画面；因为用了口语化的语言，所以在阅读的时候很有亲切感；语言幽默、风趣；运用拟人和比喻让人觉得很有美感，而且很幽默。

师：文章除了写到桃花、梨花，还有一些其他的内容。比如四月引用了《图经》——散文中引用文献，是很难的。运用口语，一难；把口语语言和文学语言融合在一起，二难；又把学术文献的语言融在里面，三难。融得天衣无缝，一般人做不到。我们再从写法来看，本来这篇文章结构简单，以时间为序，而又写了桃花等，在内容丰富的同时，写法上又富于变化。同学们，散文的特点是什么？

生（齐）：形散而神不散。

【观察者点评】这里，学生理解的"形散神不散"是什么意思？正确吗？

师：所以写散文要把它撒开去，撒开了文章就显得摇曳而变化。另外，在结构上，十二个月是不是平均用力？

生（齐）：不是。

师生（齐）：有详——有略，有长——有短。

师：大家看看，哪些段落写得长，哪些段落写得略。

（学生回答：五月，还有八月写得长）

师：为什么有的段落长，有的段落短？长的段落写得长的原因是什么？首先，这几个月从葡萄生长来讲——最重要（学生齐）。还有什么深层的原因？

生7：这几个月葡萄长得好。

师：这个"好"是怎么个"好"法，能不能说得具体一些？

生7：天气好。（学生笑）

师：你看，这也暴露出了写作中的问题，对吗？写文章能不能这样写啊？天气好就多写一点？（学生笑）这几个月除了对葡萄的生长有利以外，还有深层的原因。是因为这几个月葡萄园有什么特点？

课例研究工作坊

生7：生命力、生机。

师：对,具有生机,充满了生命的活力,最容易引起作者内心的共鸣,所以作者才详写。

【要点评议】

环节二:体认本文写法上"简单却富有匠心"的特点

◎ 除了语言,这篇文章的写法有什么特点?

◎ 这篇散文是很讲究技巧,还是不讲究技巧?它"简单"中的匠心体现在哪里?

◎ 在结构上,十二个月是不是平均用力?为什么有的段落长,有的段落短?长的段落写得长的原因是什么?

师：下面我给同学们一个更有难度的任务。假如让你把汪曾祺的文章缩写成一篇短文,你能缩写到多少字?要求内容比较全,而且要忠实于原文。看谁缩写得最快、最短,内容最全。在草稿纸上写一写也可以;在书上圈一圈也可以。一个人完成也可以,两三个同学商量也行。

【观察者点评】此处安排"缩写"的学习活动,意图何在?

(学生讨论、活动,老师巡视、指导,用时约3分钟)

师：缩写的字数在50以内的同学请举手。(一学生举手)请你来说说,其他人看他说的是不是符合忠于原文和内容不缺少的要求。

生8：一月,葡萄未出窖;二月,葡萄吐芽;三月,葡萄上架;四月,为葡萄浇水施肥;五至七月,喷药修枝;八月,葡萄成熟;九到十二月,葡萄下架入窖。

师：嗯,不错。大家一起来评改一下。他的内容全不全?

生(齐)：全。

师：的确全了。有没有比他写的更短的?一个都没有?我就认为他的缩写内容还可以再精短。那该怎么做?大家想一想。

(学生七嘴八舌)

师：需要每个月都写"葡萄"吗?

**生（齐）**：不用。

**师**：一月葡萄怎么样，二月葡萄怎么样，十二个月就多了二十四个字。（学生笑）其实我们只要把葡萄移到最前面去就行了。（示范）葡萄一月在窖，二月出窖，三月上架，四月五月六月浇水喷药打梢掐须，五月中下旬开花、七月膨大、八月着色、九月十月自然生长、十一月下架、十一月十二月入窖。

**师**：假如把我和这位同学缩写的内容加一个题目，能不能用"葡萄月令"？好不好？

**生（齐）**：不好。

**师**："月令"是什么意思？"月令"有两个意思：1.气候；2.物候。这里主要指气候还是物候？

【观察者点评】此处，黄老师的提问，意图又是什么？

**生（齐）**：物候。

**师**：什么叫物候呢？物候就是植物生长的周期特点以及与气候的关系。

（学生记笔记）

**师**：不要记。上课记笔记是最不重要的。这个记下来有什么用？给你们的孙子看？（学生笑）那重要的是什么？听比记重要，说比听重要，想比说重要。所以我们要多想一点，多说一点。

**师**：尽管解释"月令"说什么"气候、物候"，但是用了"月令"两个字，从语感上看，有了"月令"我们就有一种什么感觉？

**生（小声说）**：美感。

**师**：太好了。这就是良好的语言素养。你去查了字典就没有美感了，你不查反而有美感。刚才我和那位同学压缩的几十个字，美感还有没有？

**生（齐）**：没有了。

**师**：我们也想一个没有美感的题目。

**生**："四季葡萄"；"葡萄的生长周期"。

**师**：如果题目叫"葡萄的生长周期"，这篇文章就成了什么文体？

**生（齐）**：说明文。

**师**：那我们现在读的《葡萄月令》是什么文章？

**生（齐）**：散文。

**师**：（板书：说明文、散文）汪氏散文是说明文的内容，散文的意境，诗的语言。这就是汪曾祺的散文。《白杨礼赞》比它好写多了，《背影》你和我都能写得出来。这种文章，一般人写不出来，所以我们才称之为"散文中的散文，散文中的极品"。大家再想一想，什么样的人才能写出这样的文章呢？要写《葡萄月令》这样的文章，必须具备几个条件。第一个条件是什么？

【观察者点评】你同意吗？

**生**：诗人。

**师**：诗人就能写出《葡萄月令》了吗？（板书：诗人）（学生：熟悉葡萄的人）对。第一个条件是熟悉葡萄种植的人。那在汪曾祺之前那么多人种葡萄怎么没写出《葡萄月令》呢？

**生**：还要有丰富的内心。

**生**：懂一点文学的人。

**师**：对。还要懂一点文学的人。可是当时懂文学而且和汪曾祺一起种葡萄的有人就跳湖了。所以还有一个条件，是什么？

**生（齐）**：乐观的、热爱生活的人。

**师**：对。还是一个热爱生活、热爱生命的人。（板书：热爱生活）在这么多条件中，最重要的一条是什么？

**生（齐）**：最后一条，热爱生活。

**师**：其实我们这样的了解还是不够深入。下面黄老师来读一段话，是汪曾祺女儿写的。我读一遍，看你能记住几个关键词。不是记得越多越好，而是记得越关键越好。然后想，汪曾祺是个什么样的人。

**（教师朗读汪曾祺女儿汪明的文章选段）**

　　不管别人怎么评价，我们知道，父亲自己对于《葡萄月令》的偏爱是不言而喻的。当年因为当了"右派"，他被下放到张家口地区的那个农科所劳动改造。在别人看来繁重单调的活计竟被他干得有滋有味、有形有款。一切草木在他眼里都充满了生命的颜色，让他在浪漫的感受中独享精神的满足。

【观察者点评】引入这段材料的意图何在？又产生了怎样的教学效果？

以至于在后来的文章中,他常常会用诗样的语句和画样的笔触来描绘这段平实、朴素、洁净的人生景色。果园是父亲干农活时最喜爱的地方,葡萄是长在他心里最柔软处的果子,甚至那件为葡萄喷"波尔多液"而染成了淡蓝色的衬衫在文章中都有了艺术意味,而父亲的纯真温情和对生命的感动也像"波尔多液"一样盈盈地附着在葡萄上。

**师**：让我们看看同学们都记了几个词。记一个词的同学请举手。(没有)记三到五个词的举手。(有一部分同学)记五个以上的举手。(很多)你们记笔记的功夫很厉害。(学生笑)我们看看记的是不是最重要的。同学们主动说说看？

**生9**：我记得比较多。一个是"偏爱",这是对葡萄园的感情；第二个是当时的身份,"右派"；还有"劳动改造",是说他为什么到这个地方去；"单调"是别人的生活；而他(汪曾祺)是觉得生活"有滋有味、有形有款"；还有"生命的颜色",这也是对葡萄的感情；还有"平实朴素"是这篇文章语言的风格；还有"纯真"、"温情"是汪曾祺先生这个人的特点。

**师**：我觉得你记得够全了。如果让你删掉一个,你删哪一个？

(学生在下面小声讨论)

**生9**：删去"单调"。

**师**：那"偏爱"你为什么舍不得删呢？你也"偏爱"吗？(学生笑)这一段的关键点其实有两个,一个是当时他的处境很不好,同时告诉我们另外一个信息,在这个非常不好的处境当中,他显得很乐观。这是一种什么样的人？用一个词形容。

**生(齐)**：乐观。

**师**：有没有更好的词？

**生**：豁达。

**师**：从这个时候的汪曾祺,你有没有想到一个类似的人？

**生(在下面答)**：苏轼。

**师**：对,苏轼。苏轼的人生境界跟汪曾祺的人生境界的确有相通之处,如果用一个词概括可以用什么词？

**生10**：超脱。

**生11**：悲惨。(学生笑)

师：听到你这个答案，我觉得很震撼。（学生笑）他的处境是有点悲惨，但是悲惨的生活他过得有滋有味，就不悲惨了。对吧？

生12：有爱。

师：也对，爱是永远不能没有的。假如让你们从黑板上的词语中找一个词来概括汪曾祺的人生境界，可以选哪个词？

生（齐）：淡而有味。

师：**汪曾祺之所以这么乐观，在这样的生活中还能充满爱，确实是他的恬淡的人生态度决定的。（板书：恬淡）所以只有这样的汪曾祺才能写出这样的葡萄来，只有这样的汪曾祺才能写出这样的汪氏散文来。有人读了《葡萄月令》，用一个比喻来形容汪曾祺与葡萄的关系，如果让你来比喻，你会怎么比喻呢？我们把问题简化一下，也就是在汪曾祺的心目中葡萄是什么？**

【要点提炼】从文本之外的材料得出的结论，还需要回到文本内部去验证，这种互文性阅读，也是一种文本细读的方法。

生：孩子。

师：有何凭据？从文中找凭据。

生13：四月份，给葡萄浇水，"不大一会儿，它就从根吸到梢，简直是小孩嘬奶似的拼命往上嘬"。

师：这是把葡萄当孩子了。有其他依据吗？

（学生小声讨论）

生14："九月的果园像一个生过孩子的少妇，幸福、平静而慵懒。"

师：这怎么说明葡萄是孩子呢？（学生笑）不要害怕别人质问。好多同学都是这样，有好的想法，看到老师眼睛一瞪就以为自己错了，还有的同学就看老师的眼色判断正误，这都是不好的习惯。现在请同意这个同学意见的举手。（几个学生举手）我认为这足以说明这个问题。葡萄园把每个葡萄看成它的孩子，那葡萄园就是孩子的妈妈。那为什么说葡萄又是汪曾祺的孩子呢？很简单，我们想一下，如果葡萄园是妈妈，爸爸是谁啊？（学生笑）

生（齐）：汪曾祺。

师：对！（学生笑，鼓掌）其他有没有依据？我们再来看文章最后一小节是怎么写的："老鼠爱往这里面钻。它倒是暖和了，咱们的葡萄可就受了冷啦！"请注意，"咱们"能不能是一个人？不能，至少两个人。那这里的"咱们"除了作者还包含谁？

生（齐）：果园。

师：这样的依据在文中还有很多，同学们可以课后去找。葡萄在汪曾祺的眼中就是他的孩子。由此可以推出结论，汪曾祺是一个什么样的人？

生：汪曾祺就是一棵葡萄树。

师：非常好。葡萄的爸爸不就是葡萄树吗？（学生笑）今天我们这节课一起欣赏了汪曾祺为我们提供的一串葡萄，葡萄一样的语言，葡萄一样的散文，葡萄一样的心，葡萄一样的人。读散文，读现代散文，要读出人物的性情。怎么读出人物的性情呢？从语言入手，走进作者的内心。

好的。今天我们这节课就上到这里。谢谢同学们！

> 【要点提炼】如何指导学生文本细读？如何引导学生品味语言？此处可为范例。

【要点评议】

环节三：读出作者的性情

1. 缩写，与原文比较，把握文本体式

◎ 假如把这篇文章缩写成一篇短文，你能缩写到多少字？

◎ 假如把缩写的内容加一个题目，能不能用"葡萄月令"？

◎ "月令"是什么意思？

◎ 有了"月令"就有一种什么感觉？《葡萄月令》是什么文章？

2. 借助补充资料，了解作者性情

◎ 什么样的人才能写出这样的文章呢？

◎ 读了汪曾祺女儿的文章选段，记住几个关键词？汪曾祺是个什么样的人？

◎ 从黑板上的词语中找一个词来概括汪曾祺的人生境界，可以选哪个词？

3. 回归文本,体会作者的性情

◎ 在汪曾祺的心目中葡萄是什么?从文中找凭据。

◎ 这怎么说明葡萄是孩子呢?

◎ 文章最后一小节是怎么写的?

◎ 怎么读出人物的性情呢?

### 问题研讨

　　黄厚江老师的这节课,其实就一个核心的教学目标:体味汪曾祺散文"淡而有味"的语言风格。又分为两个子目标:一、从语言和写法的角度加以体味;二、从作者创作个性的角度予以更深入的体味。体味就是仔细领会作者语言表达的功力,把握作者精准的言语表达所蕴含的意味,实际上就是老师们常说的"品味语言"或"揣摩语言"。体味必须细读,细读贯穿课堂教学的全过程。在第一、第二个教学环节,着眼于语言和写法,实际是侧重于篇章;第三个教学环节,尤其是其中最后一个步骤,落脚在句、词,所以,不同的环节所进行的细读,其作用也不尽相同,但皆指向教学目标。《葡萄月令》是汪曾祺散文中的精品,可读可学的内容太多,而"淡而有味"的语言风格,正是汪曾祺散文的独特价值所在,把学习这种语言风格作为核心的教学目标,当然再合适不过了。体味汪曾祺散文的语言风格,可以从文体、语调、语音、词汇、句式、修辞、标点符号等方面入手,在这节课上,黄老师专注于指导学生体味,对这几方面基本上都有所涉及,且点到为止,想必也是基于学情的考虑,而依据学情开展教学,是所有好课的基本标志和必然要求。

### 资料链接

1. 曹勇军.《葡萄月令》教学实录. http://caoyongjun. blog. zhyww. cn/archives/2012/201252163032. html.

2. 曹勇军. 备课本上的《葡萄月令》教学故事[J]. 语文学习,2011(5).

3. 汪政、何平.汪曾祺的语调——细读汪曾祺《葡萄月令》.《解放阅读——文学批评与语文教学》[M].凤凰出版传媒集团,2011:166—177.

4. 王尧.最后一个中国古典抒情诗人——再论汪曾祺散文[J].苏州大学学报(哲学社会科学版),1998(1).

5. 唐芳.汪曾祺散文语言风格研究[D].湘潭大学2011年硕士论文.

6. 何晶.论汪曾祺散文的语言——从其语言观入手[D].华东师范大学2011年硕士论文.

### 后续学习活动

**任务1**:本书第二部分"共同备课"工作坊中,高中的备课篇目是汪曾祺的散文《胡同文化》,请查找搜集关于《胡同文化》的教学实录,作一点课例分析,结合黄老师《葡萄月令》课例的学习,重点从"品味汪曾祺语言风格"的角度展开评议和讨论。下面的思维导图会对你有所帮助。

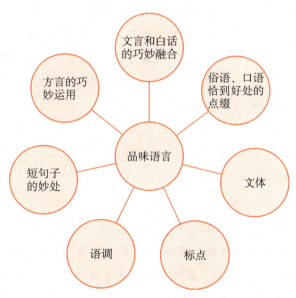

图:《胡同文化》品味语言的元素

**任务2**:《端午的鸭蛋》是汪曾祺的另一篇散文佳作,被许多版本的初中语文教材选入,下面是某位教师教学设计的主要内容,现在呈现的样态是将原来设计中的部分内容故意隐去,请你好好读一读,看看横线处可以填些什么。

### 《端午的鸭蛋》教学设计(片段)

合作助学:品味语言,赏鸭蛋、忆童年、思故乡。

(一)请同学们有感情地朗读课文,对自己感兴趣的字词、语句进行圈点勾画,在旁边的空白处对语言进行赏析。

(二)四人一组,讨论文中哪些地方体现了汪曾祺语言平淡而有味的特色,并结合具体语句,归纳总结这些语言加入了哪些元素才如此有魅力。

1. 根据学生的认知水平、手头搜集的资料和实际的语文能力,预测学生大致可以总结出以下几点:

① 口语色彩浓厚

如:"双黄鸭蛋味道其实无特别之处,还不就是个鸭蛋!"

又如:"_____A_____"

都是信口而出,自然而然,让人倍感亲切。

② _____B_____

如"曾经沧海难为水,他乡咸鸭蛋,我实在瞧不上"、"但是腌蛋这一条我看后却觉得很亲切,而且'与有荣焉'"、"我走的地方也不少,所食鸭蛋多矣"。

这些地方典雅的文言词语与质朴的口语相映成趣,让人不由佩服作者居然能将极雅和极俗的两种语言如此自然和谐地捏到一处并倍添韵味的艺术魅力,同时这样的文白夹杂也体现了汪曾祺语言淡淡的幽默感。

③ 适当运用方言

如"一般是敲破空头"、"白嘴吃也可以"等句中的"____C____"和"____D____"等词语,都带有较为鲜明的江浙方言特色。

(三)学生质疑、展示;教师释疑、点拨。

1. 教师释疑、点拨,学生可能忽略的语言特点主要有以下几个方面:

① 句式:本文充分运用短句、流水句和无主句,使语言简洁明畅,如行云流水。

如:"我的家乡是水乡。出鸭。高邮大麻鸭是著名的鸭种。鸭多,鸭蛋也多。高邮人也善于腌鸭蛋。高邮鸭蛋于是出了名。"

② _____E_____,使行文闲适随意之中见整齐。

如:"高邮鸭蛋的特点是质细而油多。蛋白柔嫩,不似别处的发干、发粉,入口如嚼石灰"中的"质细油多"、"蛋白柔嫩"、"如嚼白灰"都是典型代表。

③ 修辞：拟人手法的运用

如"_____F_____"

④ 虚词：恰到好处的虚词使用使文章文气充盈，文势充沛。

如："我对异乡人称道高邮鸭蛋，是不大高兴的，好像我们那穷地方就出鸭蛋似的！不过高邮的咸鸭蛋，确实是好，我走的地方不少，所食鸭蛋多矣，但和我家乡的完全不能相比！曾经沧海难为水，他乡的咸鸭蛋，我实在瞧不上。"

"_____G_____"、"_____H_____"、"_____I_____"三个程度副词连用，写尽了"高邮鸭蛋"独步天下的豪情。

⑤ 标点：对——（破折号）的理解

如"筷子头一扎下去，吱——红油就冒出来了。"

⑥ 炼字：对传神字眼的重点赏析。

如"筷子头一扎下去，吱——红油就冒出来了。"

那种绘声绘色，那种动感以及快感，从"扎"、"冒"、"吱"字以及"一……，就……"的句式中表现得淋漓尽致。

2. 设计两个环节让学生更好地理解标点和炼字在语言韵味上的功效。

重点品读"筷子头一扎下去，吱——红油就冒出来了"一句，如下：

环节一：_____J_____

看学生对"吱"字读得是短促有力，还是声音略有延长，据以讲解破折号在此处的作用。读得短促有力，破折号起"解释说明"的作用；读得略有延长，破折号产生"声音延续"之效。

环节二：对比研读，说说哪句更好，以及好的原因

① 筷子头一扎下去，吱——红油就冒出来了。

② 筷子头一扎下去，红油就流出来了。

通过比较这两句话，让学生感受"吱"和"冒"字的传情传神，虽然都是极其平常的字眼，但是"吱"字给人深刻的场面感，"冒"则凸显了高邮咸鸭蛋油之多，也进一步传达了作者_____K_____

**任务3**：品读"筷子头一扎下去，吱——红油就冒出来了"这句话。

（1）你认为究竟应该怎么读？这里的破折号起什么作用更好？

_____

_____

(2) 假如你在上课时试图引导学生品味这句话,你会设计怎样的学习活动?

参考答案:

A. 我在北京吃的咸鸭蛋,蛋黄是浅黄色的,这叫什么鸭蛋呢!

B. 巧用文言点缀

C. 空头

D. 白嘴

E. 四字格的运用

F. 有的样子蠢,有的秀气。

G. 确实

H. 完全

I. 实在

J. 让学生凭自己的感觉朗读这句话,思考破折号在此处的作用是什么。

K. 内心的自豪感和对家乡浓浓的爱